청소년을 위한 세상읽기 프로젝트 Why Not? 6

나를 찾습니다

'나'를 탐험하는 무또 또또

마르틴 라퐁 지음
파스칼 르메트르 그림
신성림 옮김

개마고원

청소년을 위한 세상읽기 프로젝트 _ Why Not? ⑥

나를 찾습니다

2011년 11월 29일 초판 1쇄
2016년 3월 31일 초판 5쇄

지은이 | 마르틴 라퐁
그린이 | 파스칼 르메트르
옮긴이 | 신성림

디자인 | 모리스
편 집 | 김희중

종 이 | 세종페이퍼
제 작 | 상지사

펴낸이 | 장의덕
펴낸곳 | 도서출판 개마고원
등 록 | 1989년 9월 4일 제2-877호
주 소 | 경기도 고양시 일산동구 호수로 662 삼성라끄빌 1018호
전 화 | 031-907-1012, 1018
팩 스 | 031-907-1044
이메일 | webmaster@kaema.co.kr

ISBN 978-89-5769-221-9 43100
한국어판 ⓒ 개마고원, 2011. Printed in Seoul, Korea

• 파본은 구입하신 서점에서 교환해 드립니다.

이 도서의 국립중앙도서관 출판시도서목록(CIP)은
e-CIP 홈페이지(http://www.nl.go.kr/ecip)와 국가자료공동목록시스템
(http://www.nl.go.kr/kolisnet)에서 이용하실 수 있습니다. (CIP 제어번호: CIP2011005099)

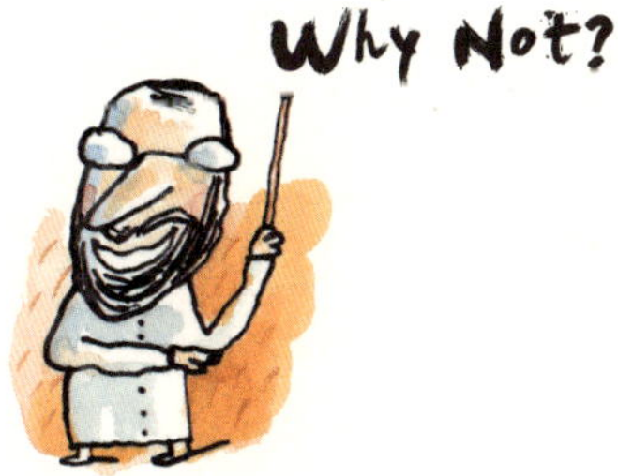
Why Not?

알 권리

　대체 누가 하루를 24시간으로 만들었을까요? 24시간은 정말 짧아요! 뭔가를 제대로 해가며 지내기엔 시간이 너무 부족합니다. 쉼 없이 바뀌는 계절을 즐길 틈도 없어요. 아! 이 소용돌이를 멈출 수 있다면, 정말 잠시라도 쉼표를 찍을 수 있다면 얼마나 좋을까요? 아니, 학교생활이나 공부 같은 늘 해야 할 일들이 쌓여 있는 나날로 금방 다시 돌아가야 하는 방학 같은 쉼표 말고요. 일상의 소용돌이 한가운데에서 '그런데 도대체 난 누구지?' 하고 스스로에게 질문해보는 여유와 즐거움을 만끽할 수 있는 아주 커다란 쉼표가 필요해요.

　이런 탐색이 엄청 대단한 걸까요? 그래서 자기를 안다는 게 가능하긴 할까요? 생각해보면 다른 사람들이 나보다 나를, 내 성격과 취향을 더 많이 알고 있을지도 몰라요.

　그렇다면 새삼스럽게 자기 자신을 알려고 하는 건 무슨 소용이 있을까요? 혹시 혼자서 자기를 찾으러 떠나는 일이 위험하진 않을까요? 어쩌면 그 길을 가다가 넘어지거나 길을 잃고 헤맬지도 모르잖아요.

상관없다고요? 그렇게 모험을 좋아하는 사람이라면 세상에서 가장 대담한 질문에 도전해 보세요! 그건 바로 '나는 누구인가?'라는 질문이랍니다.

소크라테스의
조언

몽테뉴의
대모험

하느님께
질문하기

3615- 여보세요, 하느님!

너 자신을 알라

나는
누구인가?

자기를
아는 건
쉽지 않아!

불가능한
과제?

나는 누구인가?

기원전 5세기, 그리스의 순례자들은 아폴론 신의 신탁을 듣기 위해 델포이 신전으로 갔습니다. 온통 흙먼지를 뒤집어쓰고 갈증에 시달리며 신전에 도착한 그들은 신전 지붕 아래 새겨 놓은, 마치 명령 같은 문구를 읽을 수 있었죠. '너 자신을 알라!'라는 글귀를 말이에요.

아주 오래 여행해온 사람에게는 좀 짜증나고 완전 바보 같은 문구가 아닐 수 없지요. 조금만 제대로 생각해본다면, 대체 누가 본인보다 더 자신을 잘 알 수 있겠느냐고요!

옆집 사람이나 경비원, 혹은 여러분이 마당 울타리 앞을 지날 때마다 물어뜯을 기세로 으르렁대는 예쁜 강아지의 주인을 아는 일이라면 물론 어렵겠지요! 그런데 자기 자신을 아는 일이라잖아요! 거울에 비친 자신을 살펴보는 일, 자기가 큰지 작은지, 말랐는지 뚱뚱한지 확인하는 게 그렇게 어려운 일일까요?

그건 분명 쉬운 일처럼 보여요. 하지만 정말 그런지 확인해볼까요? 제일 처음 마주치는 거울 앞에 한번 서 보세요. 무

17

난 누굴까

엇이 보이나요? 여러분은 자신을 정면에서 볼 수 있을 뿐, 뒷
모습과 앞모습을 동시에 보는 건 불가능합니다. '거울에 비친
자신'을 꼭 통째로 볼 수 있는 것도 아니고요. 우리의 시선은
대체로 세세한 부분에 쏠리게 되거든요. 또 여러분이 거울 속
에서 보는 것이 진짜 여러분의 모습이라고 할 수도 없지요.
여러분과 거울 사이에는 거리가 있어서 여러분이 볼 수 있는 건 여러분의 이미지일 뿐입니다. 여러분이 정말로 거울 속에 있는 건 아니잖아요. 게다가 거울은 종종 실제 모습을 왜곡하기도 하고요. 다른 한편으로, 여러분의 몸 안에서 일어나는 일들, 규칙적으로 뛰는 심장이나 뇌의 작용, 콩팥의 활동, 이 모든 것도 여러분들이 인식할 수 없어요.

그렇게 보면 '나는 누구인가?'라는 질문에 대답하는 일이 그리 쉽지는 않을 겁니다.

예를 들어서, 어제 여러분은 세상에서 가장 위대한 천재가 된 기분이었어요! 수학시험에서 90점이나 받았으니, 진짜 끝내주잖아요! 그런데 오늘은 되는 일이 하나도 없네요. 짝사랑하는 카롤린이 어찌나 경멸하는 눈초리로 바라보는지, 마치 초라한 지렁이가 된 느낌이었지요! 그런데 어제와 오늘 중 어느 게 진짜 '나'인 거죠?

여러분은 자신이 무엇을 원하는지 아주 명확하게 알진 못해요. 신체적으로 여러분은 자라고 있어요. 점점 나이를 먹으면서 얼굴과 몸이 변하고 있지요. 정신적으로도 여러분의 취향이나 감정, 성격이 변하고 있습니다. 그렇다면 자신을 안다는 것, 그건 어쩌면 불가능한 과제일지도 몰라요!

'나'라는 이방인

"난 나 자신을 알아야만 해."
이 문장을 소리 내어 읽으면 마치 화성인의 말을 입에 올리는 것처럼 낯선 느낌이 들어요. 내(주체)가 그때까지 이방인이자 누군지도 몰랐던 나(객체)를 알고자 한다니, 마치 무슨 문법수업 듣는 기분이지요? 내가 창가에 서서 거리를 지나가는 내 모습을 바라본다는 말처럼 들리기도 하고요. 그런데 과연 나는 살아가면서 동시에 내가 사는 모습을 바라볼 수 있을까요?

신전에 새긴 환영의 글귀를 생각해보면 그리스의 현인들은 성격이 고약한 것처럼도 보입니다! '너 자신을 알라'는 말은 친구의 조언이라기보다 도발처럼 느껴지니까요! 더구나 왜 그렇게 절실하게 자신을 알아야 하는 걸까요? 자기에 대한 앎이라는 문제를 중요하게 다룬 현인은 한두 명이 아니고, 소설가 시인 작가도 한두 명이 아니지요. 그들은 제각기 자기만의 방식으로 '나는 누구인가?'라는 질문의 답을 찾으려 했어요.

최초로 이 문제를 좀 더 분명하게 탐구하려 한 사람으로는

소크라테스를 들 수 있습니다. 기원전 470년 아테네에서 태어난 소크라테스는 그리스 철학자들 중에서 가장 유명한 사람이지요. 그는 아무런 글도 남기지 않았지만, 제자들이 그가 하는 말을 들으면서 내용을 받아 적었지요. 나중에 그들은 이것을 소크라테스가 강의하는 것처럼 바꾸어서 책으로 펴냈어요.

소크라테스는 델포이의 신전에 새겨진 글귀를 아주 진지하게 받아들였습니다. 그는 아폴론 신의 메시지를 잘 이해했지요. '너 자신을 알라'는 말은, 죽지 않는 존재인 아폴론 신 앞에서 자신이 어차피 죽게 마련인 하찮은 존재임을 깨닫고 인정하라는 의미거든요. 한마디로 너는 너의 운명을 바꿀 능력이 없는, 파리처럼 보잘것 없는 존재에 불과하다, 이런 명백한 사실을 인정하라는 거죠!

하지만 진정으로 소크라테스의 관심을 끈 문제는 다른

난
아폴론이야!
넌 누구니?

무엇보다 인간을 아는 것이었죠. 인간을 아는 것, 그것은 어떤 의미에서 바로 자기 자신을 아는 것이지요.

처형당한 현인

소크라테스의 친구들이나 적대자들이 묘사한 내용을 보면, 소크라테스는 키가 작고 다리를 절었으며 코가 짧고 낮은 못생긴 남자였습니다. 아버지는 조각가거나 석공이었고, 어머니는 산파였다고 하지요.

소크라테스는 맨발에 낡은 망토를 걸치고 아테네 시를 이리저리 돌아다녔다고 해요. 사람들은 시장에서, 시민들이 회의하는 민회장에서, 체육장에서 그렇게 곳곳에서 그와 마주쳤죠. 소크라테스는 아테네 시민들이 더 깊이 생각하도록 하기 위해 끊임없이 질문을 던졌습니다. 아테네 사람들은 그를 아주 더운 여름날 가축들을 물거나 귀찮게 만드는 등에나 파리와 비슷한 존재로 여겼죠. 소크라테스는, 모든 것을 다 안다는 듯 스스로에게 묻기를 피한 채 만족의 잠에 빠져 있는 아테네 시민들을 깨어나게 하려고 계속 귀찮게 질문을 던졌

소크라테스, 이 동에 갔을 듯...

거든요.

　소크라테스, 갖가지 질문을 퍼부어대던 그는 전기뱀장어처럼 따끔한 존재이기도 했어요. 그가 던지는 질문은 과자 봉지에 인쇄된 실없는 수수께끼 따위와는 달랐어요. 전혀 달랐

죠! 소크라테스는 간단한 질문 하나가 대화를 이어가게 만들고, 우리가 안다고 믿었지만 정작 제대로 알지 못하는 것에 대해 성찰하게 만든다는 사실을 깨달았어요. 그래서 그는 지혜, 용기, 아름다움, 정의 같은 단어가 과연 정말 무엇을 의미하는지 질문하며 모든 사람과 대화를 나누었지요.

소크라테스가 걸핏하면 쉽게 대답할 수 없는 질문을 던지니 사람들은 몹시 성가셨나 봐요. 아테네의 재판관들이 그에게 독당근에서 추출한 독약을 마시라는 판결을 내렸답니다. 젊은이들을 타락시키는 사상을 퍼뜨리고, 아테네 시가 섬기는 신이 아닌 다른 신을 섬긴다는 죄목으로 고소당한 뒤 유죄 판결을 받은 거지요. 소크라테스는 사물을 바라보는 자신의 방식이 잘못된 것임을 인정하라는 압력에 굴복하지 않기 위해 순순히 죽음을 받아들였어요.

왜? 뭐가?

여러분도 어렸을 때는 소크라테스와 좀 비슷했을 겁니다. 세상을 발견하고 알아가는 일이 너무 좋아서 잠들기 직전까지 끊임없이 "그런데 밤은 왜 까매?" "내가 태어나기 전에도 내가 있었어?" 등등 엄청나게 많은 질문을 던졌을 테니까요. 그 등쌀에 부모님은 히스테리를 일으키기 직전까지 갔다가 여러분이 잠이 들면 그제야 안심했겠죠!

물론 소크라테스와 달리 여러분은 어느 순간이 되면 갑자기 세상 모든 것에 대해 질문하던 열의를 잃어 버립니다. 그렇지만 여러분이 아직 어떤 사람이 되고 싶은지, 어떻게 살고 싶은지 잘 모르고 있다면 '나는 누구인가?'라는 질문은 정말 중요하답니다. 이 질문이 여러분의 생각이나 생활을 좀 정리해줄 수 있거든요. '나는 왜 이렇게 생각하는가?' '나는 무엇을 원하는가?' '나는 누구인가?' 이런 질문들은 여러분이 형제자매나 친구, 부모님과 판박이처럼 똑같은 인간으로 자라는 것을 피하려면, 그리고 여러분의 성

27

격을 명확하게 파악하려고 할 때 꼭 필요해요.

　소크라테스는 그런 질문에 대답하려면 반드시 자기 자신
의 내면을, 자신의 의식 깊숙한 곳을 들여다보아야 한다고 생
각했어요. 그런 식으로 내면의 지혜를 얻는 방법은 비밀의 정
원을 가꾸는 것과 약간 비슷하지요. 자신에게서 최고의 것을

끌어내기 위해서는 마치 정원의 흙을 일구고 잡초를 뽑듯 내 안에 가득찬 모든 헛된 것들을 뿌리 뽑아야 합니다.

이런 내면 여행은 정말 흥미로울 것 같아요. 당연히 도전에 응하고 소크라테스를 신뢰하고 싶어집니다! 하지만 자신의 내면을 알기 위해서는 어떻게 해야 할까요? 마음 깊은 곳을 탐색하는 일은 엑스선이나 내시경으로 몸 속을 보는 것과는 전혀 다른데, 여기에 도움이 될 만한 비결이나 안내서가 존재할까요?

어떻게 해야 할까요? 일기를 열심히 쓰고 그 속에서 자기가 누구인지 찾으면 될까요? 자기만의 생각을 표현할 수 있도록 평생 여행을 다니면서 여러 가지 다른 문화를 접해야 할까요? 자기 성격을 확실하게 파악하기 위해 '당신은 질투심이 많은가? 관대한가? 인종차별주의자인가?' 등등 잡지에 실린 온갖 심리검사를 해봐야 할까요? 그도 아니면, 빈센트 반 고흐가 그랬듯 자화상을 수도 없이 그려야 할까요?

문제는 우리가 끊임없이 변한다는 것이지요. 그렇기에 자신을 안다는 게 그토록 어려운 거예요. 여러분은 대리석 조각상이 아니고, 여러분의 인생도 계속 앞으로 나아가게 됩니다. 이렇듯 여러분의 인생은 변화하는 것이지, 결코 딱딱하게 굳어서 꼼짝도 하지 않는 게 아니랍니다.

그러니 소크라테스의 충고를 따라 한발 한발 전진하면서 여러분이 주인공인 모험 속으로 뛰어들어야 해요.

단서를 찾아서

여러분은 이제 막 한 단계를 넘어서서 일기장으로 쓸 공책이나 비밀수첩을 샀습니다. 이미 오래전부터 학교수첩만으로는 더 이상 충분하지 않던 참이지요. 사실 텅 빈 흰 종이에 짤막하게 낙서를 써내려가는 거나, 친구들끼리 쪽지 돌리기 같은 건 학교에서나 통하는 거죠. 집에 돌아오면 단단한 알껍데기 속의 병아리처럼 안전한 곳에 자리 잡고 앉아 진짜 일기를 쓰고 싶은 욕구가 항상 여러분에게 있을 거예요.

일기는 마음을 털어놓을 수 있는 친구 같아서, 우리는 일기장에 대고 자신에 대해 많은 이야기를 합니다. '수요일. 알렉시아가 날 못 본 척하는 걸 분명히 봤다. 엘로디와 같이 있어서 그랬겠지! 걘 분명 저녁파티에 날 초대하지 않을 거야. 그 애가 싫다. 정말이지 울적한 인생이다. 금요일. 완전 행운! 알렉시아가 토요일 파티의 초대장을 내 배낭 주머니 안에 넣어 놨다. 기분 짱이다! 뭘 입고 가지? 제롬과 로맹도 초대받은 것 같다……' 이런 게 바로 일상적으로 기록하는 작은 행복들이죠.

하지만 그런 일상을 기록하는 것 말고도 혼자 비밀을 지키기가 너무 어려울 때, 비밀이 심장을 무겁게 짓누르며 힘들게 할 때에도 일기장은 거기 있답니다. 일기장은 어두운 시간의 그늘 속에서 충직한 부하처럼 기다려줍니다. 그 일기장에다 우린 모든 걸 말할 수 있지요. 일기장은 심판하지 않고, 비판하지 않으니까요. 일기장이 묵묵히 거기 있다는 사실만으로도 마음은 편안합니다.

자신의 감정들, 희망과 실망들을 써내려가면서 우리는 조금의 경계심도 없이 자신의 흔적들을 종이 위에 남깁니다. 이 흔적들을 보면 아마 누구든 여러분의 발자국을 알아보고 여러분의 몽타주를 그릴 수 있을 거예요.

글씨체만 해도 가늘고 작은지, 크고 넓은지, 기울어졌는지 똑바른지에 따라 글씨 쓴 이에 대한 자세한 정보를 알려준답니다. 연못의 하얀 조약돌처럼 종이 위에 동글동글 떠 있는 작은 동그라미 'ㅇ'들을 어떤 모양으로 써놓았느냐에 따라 여러분 성격에서 미처 생각지도 못했던 부분을 드러낸다는 거지요. 하지만 그렇다고 해서 여러분이 자기가 쓴 글을 다시 읽어보면 자신이 누구인지 알게 될까요? 그게 정말 그렇게 간단할까요? 수첩에 적힌 단어들을 잘 살펴보면, 자신의 참모습을 보여주는 초상화를 그릴 수 있을 거라고요? 마치 단어의 형태와 의미가 여러분을 온전히 다 담고 있듯이요? 과연 그럴까요?

'가게 뒷방'에서의 모험

　　　　　　　　　일기를 쓰면서 자신의 어떤 측
면을 포착하려는 생각을 여러분만 한 건 아니랍니다.
　"내가 여기 써내려간 모든 잡문들은 내 인생의 경험을 모아
기록한 것에 불과하다."(몽테뉴)

16세기 철학자 몽테뉴는 자신을 알고 싶은 욕망을 보란듯이 실천했지요. 소크라테스가 옳았습니다. 자신을 알기 위해서는 세상의 소란스런 일들을 멀리하고 '가게 뒷방'에 마음을 써야 해요. 그런데 가게 뒷방이란 도대체 뭘까요?

가게를 한번 상상해 보세요. 여러분은 가게에 들어가기 전에 형광분홍색이 깜빡이는 간판, 갖가지 색의 화려한 물건들이 터질 듯 가득한 진열장 등 가게의 겉모습을 보고서 이내 마음을 정하지요. 가게 뒷방에서 벌어지는 일에 대해서는 전혀 알지도 못하며, 그런 걸 신경 쓰지도 않습니다. 몽테뉴가

볼 때, 우리들도 제각기 다 그런다는 거지요. 우린 자신의 겉모습, 곧 다른 사람들에게 보이고 싶은 자신의 이미지를 가꿉니다. 그러곤 그걸로 끝이죠. 가게 뒷방을 돌보는 데는 시간을 진지하게 쓰지 않아요.

몽테뉴는 '고삐 풀린 망아지 같은 자신의 정신을 정리정돈'하고 싶었지요. 단순한 겉모습을 넘어서서 자신이 누구인지 정말로 알고 싶었던 겁니다. 그리하여 자신의 경험담이라 할 수 있는 『수상록』을 써서 진짜 '나'를 찾아 나선 자신의 모험에 함께하도록 우리를 초대했어요. 『수상록』은 그의 일기와도 같습니다. 그는 거리낌 없이 자신의 생각, 만남, 감정 들을 기록하면서 자기 자신에 대해서 말하죠.

별난 탐색

"내 책의 재료는 나 자신이다"라고 몽테뉴는 단언했습니다. 사실상 그는 관찰자이면서 동시에 관찰대상이 되는 어려운 일을 하려 한 거죠. 그의 별난 탐색은 성공을 거두었을까요? 그가 자신에 대해 말한 것을 과연 믿어도 될까요? 혹시 자기 경험담을 들려주면서 자신도 모르게 미화하거나 과장하진 않았을까요? 그 경험담이 몇 년 뒤에는 공감이 잘 안 되지는 않을까요?

몹시 화가 났을 때 일기장에 쓴 것을 한 달쯤 뒤에 다시 읽다가 웃음을 터뜨린 경험이 다들 한 번쯤 있을 겁니다. 시간이 흐르면서 여러분이 경험한 것도 강도가 약해지거든요. 마치 큰 모욕이라도 당한 인기 스타인 양 방으로 뛰어가 틀어박혀 있던 순간들을 나중에 다시 떠올린들 더 이상 그때와 같은 감정을 느낄 순 없지요. 여러분은 결코 같은 사건들을 두 번 되풀이해서 경험할 수는 없습니다. 절대로 있을 수 없는 일이죠. 물론 일기장에는 여러분이 겪은 슬픔의 원인이 잘 기록되어 있어요. 하얀 종이에 검은 글씨로요. 친구들과 어울려 영화관에 가고 싶었지만, 늘 그랬듯 가스통 삼촌 댁에 심부름을 가야 했던 게 그 이유였죠. 그렇지만 그 시간 이후로 아주

중요한 것이 변했어요. 바로 여러분 자신이 말이죠.

몽테뉴도 시간이 흐르면서 감정과 경험의 강도가 이런 식으로 약해질 것을 예상했어요. 그래서 경험이나 만남이 진행될 때마다 앞서 써두었던 원고를 새롭게 보완했지요. 새로운 주석들로 과거를 더욱 풍성하게 채우면서, 예전에 자신에 대해 말한 내용을 무작정 고수하는 걸 피하려고 그런 식으로 계속해서 과거로 돌아간 거예요. 정말 길고 어려운 작업이었죠. 그러다 보니, 결국 『수상록』은 100개가 넘는 장(章)을 갖게 되었답니다!

여러분의 일기가 이제 겨우 10쪽에 불과하다 해도 용기를 잃지 마세요! 몽테뉴가 1572년 무렵 온갖 열정으로 시작한 그 책에 어쩔 수 없이 마침표를 찍게 된 것은 1592년 죽으면서였답니다.

결국 몽테뉴는 20년 동안 자신을 관찰하고 자신이 마주친 모든 사람을 관찰함으로써 스스로를 더 명확하게 파악하려 노력했던 겁니다. 그는 고통이나 죽음에 대한 자신의 두려움, 정의에 대한 생각, 다른 사람들의 습관에 대한 다소 틀에 박힌 의견, 자신의 편견 들에 대해 깊이 성찰했어요. 정말 특별한 모험이었습니다!

그러나 16세기에 출간된 오래된 책이 정말 여러분이 자신을 더 잘 아는 데 도움을 줄 수 있을까요? 본인의 경험만이 자기를 아는 데 도움을 줄 수 있는 것 아닐까요? 낭만주의 시인 알프레드 드 비니는 고통을 겪어보지 않은 자는 결코 자신을 제대로 알 수 없다고 말했지요. 몽테뉴의 경험은 오직 몽테뉴의 것일 뿐입니다. 그런데 그것이 어떻게 다른 사람에게 전달될 수 있을까요?

제일 큰 적

"몽테뉴는 자기 자신을 그리겠다는 어리석은 기획을 품었다." 철학자이자 수학자였던 블레즈 파스칼(1623~1662)은 몽테뉴에게 그리 호의적이지 않았습니다. 간단히 말해서, 파스칼이 보기에 몽테뉴는 자기를 세상의 중심으로 생각하고 자신의 생활을 세세하게 들려주려 한 거만한 인간이었던 거죠.

도대체 파스칼은 누구이기에 몽테뉴를 그런 식으로 대했을까요? 파스칼은 꼬마 천재였습니다! 그는 열한 살에 「소리

의 전파에 대한 논고」를 썼지요. 열두 살에는 아버지도 모르는 사이에 그리스 수학자 유클리드의 제32명제를 발견하기까지 했답니다! 유클리드라는 사람의 이름은 분명 여러분도 수학시간에 들어보았을 거예요. 열여섯 살에는 「원추곡선론」을 발표하여 당대 모든 수학자들의 감탄을 자아냈고요! 이제 여러분도 짐작하겠지만, 이걸로 끝이 아니라 그는 더 많은 일들

을 해냈지요!

그렇다면 파스칼은 왜 몽테뉴를 그토록 비난했을까요? 수학공식 같은 것으로도 인간이 자기 자신을 알 수 있다고 믿었던 걸까요? 혹은 자기를 아는 건 불가능하다고 생각해서였을까요? 사람의 가슴과 머리 속은 측정할 수 없지요. 그렇다

면 거기서 무슨 일이 일어나는지 우리가 어찌 알 수 있겠어요!

파스칼은 특정한 개인이 아니라 인간 일반을 아는 데 주된 관심을 가지고 있었습니다. 그는 이렇게 질문했지요. "무한 속에서 인간이란 무엇인가?"

여러분이 밤하늘을 바라보며 무수한 성운들과 블랙홀을 상상하면 그 무한한 크기에 현기증이 일어날 겁니다. 그런데 파스칼이 말하길, 여러분의 피 한 방울에도 무한히 작은 원자들이 무수히 모여 있다고 했죠. 결국 우주에는 무한히 큰 것과 무한히 작은 것이 있어서 우리가 결코 완전히 이해할 수는 없는 셈이에요. 우리는 두 무한 사이에서 길을 잃은 작은 점에 불과하지요. 그러니 우리가 어떻게 우리 자신을 알 수 있겠어요! 설령 인간이 '자연에 대한 연구 가운데서도 가장 경이로운 대상'이라 할지라도, 인간은 자기 육체도 자기 영혼도 알지 못해요. 게다가 인간의 상상력은 '오류와 잘못으로 가득해서' 결코 현실을 있는 그대로 설명해주지 않아요. 그러니 '나는 누구인가?'라는 물음에, 그건 해결이 불가능한 과제라고 기권을 선언할 수밖에요.

"그러니 인간은 얼마나 키메라와 비슷한 존재인가? 얼마나 새롭고, 얼마나 끔찍하고, 얼마나 혼란스러우며, 얼마나 모순된 존재이며, 얼마나 경이로운가! 모든 것의 심판자이자 멍청한 지렁이다. 진실을 알고 있는 자이자 불안과 오류의 시궁창이며, 우주의 영광이자 그 찌꺼기다. 이처럼 뒤죽박죽인 존재를 과연 누가 해명할 수 있을까?"(파스칼)

불가능한 과제

그러면 자기에 대한 앎을 포기하고, 소크라테스의 질문들은 그냥 내버려두고, 더 이상 이해하려 들지도 말고 그냥 묵묵히 텔레비전 앞으로 돌아가야 할까요? 어이쿠! 역시 이번에도 파스칼이 그런 기분전환은 자기 자신으로부터 도망치는 것이라며 우리를 다그치네요. 오늘날에는 훨씬 흥미로운 활동(테니스, 축구, 음악, 춤, 컴퓨터, 핸드폰……)이 셀 수 없이 많아서 자기 내면을 살피는 작은 여행을 회피할 핑계거리가 되어줍니다. 파스칼이 볼 때, 우리는 사실 홀로 있는 것을 두려워하는 거래요. 두려워한다고요? 왜 그럴까요? 그건 혼자가 되었을 때 우리가 곧바로 자신의 무력함을 자각하게 될 위험이 있기 때문이지요. 성운들과 원자들 사이에서 길을 잃은 우리는 정말이지 무척 하찮은 존재에 불과하니까요. 자연에 대한 의존, 늙고 죽는 것에 대한 두려움, 이런 것들도 우리를 불안하게 만들고요.

"인간은 죽음과 근심, 무지에서 벗어날 수 없기에 행복해지기 위해 그런 것을 전혀 생각하지 않는 법을 만들어냈다."(파스칼)

이 말은 이런 뜻이에요. 의기소침해지는 걸 피하고 싶다고

요? 그럼 깊이 생각하지 말고, 계속 춤추고 노래하고 즐기고 기분 좋게 놀라고요! 하지만 여러분이 그런 식으로 행동하다가 인생을 망쳐버린다고 해서 불평꾼 파스칼이 여러분을 동정하지는 않을 거예요. 어쨌든 "인간은 자기 자신에게나 남에게나 위장과 위선과 허위 그 자체"니까요. 파스칼은 만일 자신이 누구인지 정말 알고 싶다면 우리를 만들어낸 존재인 신에게 물어보라고 권합니다. 물론 일상생활에서 신의 음성을 듣는 것은 그리 쉽지 않지요. 신이 항상 우리의 자잘한 질문에 바로 대답해줄 채비를 하고 전화기 앞에 대기하고 있는 건 아니니까요!

잘못된 판단

조금 전만 해도 여러분은 몽테뉴를 따라서 자기를 알아가는 구불구불한 길을 걸을 준비가 됐다고 느꼈을 텐데, 파스칼이 그만 여러분의 의욕을 꺾어놓았겠네요. 아마 여러분은 일기장을 덮어버리거나 구석으로 치워버리고 싶을 거예요!

하지만 소크라테스가 등에처럼 여러분을 깨물 준비를 하고서 주위를 맴돌고 있답니다. 여러분이 중간에 그만두는 걸 막으려요!

그런데 파스칼이 몽테뉴를 비웃은 데는 근거가 있을까요? 몽테뉴가 자기 경험을 이것 저것 세세하게 알리려 했다고 해서, 자기를 드러내고 싶어 하는 허영심 많은 인간으로 취급하는 게 정당할까요? 사실 몽테뉴가 자기를 알려고 시도하면서 원했던 것도 자신과 다른 모든 사람 사이의 공통점을 찾는

것이었어요.

하지만 몽테뉴가 말을 타고 계속해서 한 지방에서 다른 지방으로 프랑스, 이탈리아, 독일 등지를 여행 다니면서 확인한 것은 결국 '인간'을 아는 것은 불가능하다는 사실이었습니다. 인간은 너무도 다양하기 때문이지요. 인간은 저마다 자기가 태어난 나라나 자기가 살고 있는 나라의 역사와 문화, 전통, 종교, 음식에서 영향을 받습니다.

1562년, 몽테뉴는 루앙에서 브라질 원주민 세 명을 만났어요. 그 후 그는 『수상록』에 이렇게 기록하지요. "나는 이 종족에게서 사람들이 흔히 얘기하던 미개하고 원시적인 특징을 전혀 볼 수 없었다. 사람들은 단지 자기 방식과 다른 것을 미개하다고 부를 뿐이다."

이 얼마나 본받을 만한 관용인가요! 그 뒤에도 몽테뉴는 차분하게 자기 생각을 계속 이어갑니다. 우리 각자에게는 '인간의 이성이 결코 통제할 수 없는' 예측 불가능하고 알 수 없는 어떤 것이 있다는 내용이었어요. 달리 말해서, 인간은 기계장치나 복제품, 깡통처럼 표식을 붙일 수 있는 틀에 박힌 생산물이 아니라는 거예요. 우리는 다들 인간의 조건을 공유하고 있지만 제각기 서로 다르다는 거지요.

스스로 자기 책의 재료가 됨으로써 몽테뉴는 단순히 따라할 수 있는 모델이나 표본에 머물지 않고 탐험가로서의 증언을 제공한 셈이지요. 16세기에 만들어진 이 책이 흥미로운 것은 바로 그래서예요. 그는 우리에게 이렇게 말할 뿐이에요. 여기, 나 몽테뉴가 나 자신을 알기 위해 어떻게 했는지 들려주겠소. 바로 이것이 내가 관찰하고 이해한 것이오. 혹시 여러분은 내 경험남 속에서 혹은 책의 어떤 부분이 계기가 되어 여러분 자신을 알아볼 수 있게 되진 않았소? 혹시 여러분이 직접 그런 모험을 할 마음이 들지는 않더이까?

소크라테스, 너 자신을 알라

서양 철학의 아버지라 불리는 소크라테스는 우리가 어떤 존재인지에 대해 진지하게 질문을 던지며, 자기 자신에 대한 탐구를 시작했다. 한번은 소크라테스의 친구가 델포이 신전을 찾아가 아테네에서 가장 지혜로운 사람이 누구냐고 물었더니 '소크라테스보다 더 지혜로운 사람은 없다'는 신탁이 내려졌다. 소크라테스는 자신보다 지혜로워 보이는 여러 사람들을 만나고 나서 "다른 사람들은 자신이 잘 알지 못하면서도 잘 알고 있다고 생각한다. 하지만 나는 내가 아무것도 모른다는 것은 알고 있기 때문에 그들보다 조금은 더 현명하다"라고 말하며 그 신탁의 의미를 해석했다. 소크라테스는 평생토록 다른 사람들과 대화하면서 자신과 상대가 무엇을 알고 있고 또 모르고 있는지를 확인해가며, 자기 자신을 알려고 애썼다.

몽테뉴, 나는 무엇을 아는가

프랑스 철학자 몽테뉴의 좌우명은 '나는 무엇을 아는가?'였다. 그는 인간의 지식이란 오류에 빠질 가능성이 높지만, 참된 자아를 인식하는 것이 가능하며 그것이 중요한 일이라고 생각했다. "우리가 우리 자신을 알 수 없다면, 무엇을 알 수 있겠는가?" 그는 사람이 자기 자신을 알기 위해서는 조용히 스스로를 돌이켜볼 자기만의 공간과 시간이 필요하다고 봤다. 몽테뉴가 말한 '가게 뒷방'은, 외부와 다른 사람에게 방해받지 않고 오로지 자신만을 생각하고 바라볼 수 있는 조건과 상황을 뜻한다. 몽테뉴는 『수상록』에서 자신의 생각과 경험을 솔직하게 털어놓는 과정을 통해 자신을 알고자 했다.

파스칼, 인간은 생각하는 갈대

파스칼은 철학 외에도 기하학과 물리학에서 많은 업적을 남겼다. 또한 도박을 좋아한 나머지 수학을 이용해 확률 연구를 시작하기도 했다. 『팡세』라는 저서에 자신의 사상을 담았는데, 그는 인간이 이성을 통해 자아를 찾을 수 있다는 데 회의적이었다. 인간 이성의 나약함을 빗대서 "인간은 생각하는 갈대"라는 말을 남기기도 했던 그가 보기에, 인간이 자신의 자아를 찾을 수 있는 것은 절대적인 신과의 관계에서뿐이다. 신 없이 이성만으로 자아를 찾을 수 없다는 것이 파스칼의 관점이었다.

검사도
받아볼까?

천궁도

안녕하세요,
프로이트
박사님

자기를 아는 방법

친구들에게
물어보기

별난 성격들!

알리바바의 동굴

"친구란 내가 왜 딸기도 들어
있지 않은 딸기맛 소다수를 좋아하는지 이해하는 사람이야."

미국 만화가 슐츠의 만화에 등장하는 찰리 브라운과 그의 개는 종종 놀라운 통찰력을 보여주곤 하는데, 특히 우정에 대한 그들의 정의는 더 없이 근사해요!

만일 친구가 여러분 자신보다 여러분에 대해 더 잘 알고 있다면 어떨까요? 여러분이 늘 갖고 싶어 하던 귀중한 CD를 기

억 속에 떠올려 보세요. 여러분 생일에 그걸 선물한 사람이 누구였던가요? 여러분과 잘 어울리는 아주 멋진 스웨터를 사라고 조언해준 사람은요? 여러분이 숙제를 다시 훑어보게 만들어서 시험 주제를 미리 알 수 있게 해준 건 또 누구였나요? 여러분과 여러분의 친구 사이에 신비로운 교감이 존재한다는 사실은 분명해 보여요. 잘 지내는지 잘 못 지내는지 굳이 친구에게 설명할 필요가 없지요. 이미 잘 알고 있으니까요. 그렇다면 그 친구가 여러분이 도달하지 못하는 내면의 나라, 여러분의 감정과 기분, 성격의 나라에 들어가는 탐험가가 될 순 없을까요? 여러분이 자신을 더 잘 알 수 있도록 친구가 도와줄 순 없을까요? 친구는 항상 솔직해요. 왜 여러분에게 거짓말을 하겠어요? 마법 같은 내 친구여, 내 내면 깊은 곳에 자리 잡은 왕국의 진실을 들려줘~!

마찬가지로 여러분 주변의 사람들, 여러분과 함께 사는 사람들과 인터뷰를 하는 건 또 어떨까요? 어쩌면 그들도 할 말이 많을지 모릅니다. 자, 이제 여러분은 리포터로 변신했어요. 한 손에는 마이크, 다른 손에는 녹음기를 들고 '너 자신을 알라'라는 수수께끼를 풀 채비를 한 겁니다. 하지만 일주일간 열심히 인터뷰해도, 결과가 그다지 좋지 않네요. 할머니는 여

러분이 똑똑하고 사려 깊고 착실하다고 하셨어요. 옆집 아주
머니는 여러분이 텔레비전 뉴스 시간에 전화했다고 예의가
없다고 하셨고요. 누나는 잠시도 망설이지 않고 여러분이 지
구상에 살았던 인간들 중에서 제일 이기적인 인간이며 가장
심한 불평꾼, 최고로 칠칠치 못한 인간이라고 대답했어요. 아
래층에 사는 사람들은 여러분이 음악이라고 부를 수도 없는
요란한 음악을 듣는 시끄러운 사람이라고 했고, 관리인 아줌
마는 얼마나 멋지신지 큰 도마뱀 새끼를 맡겨도 되겠다고 하
시지 뭐예요. 또 학교 친구들은 '말이 많다, 더 잘 할 수 있다,
개그맨으로 성공할 거다' 같은 평가를 해주었어요.

　이제 여러분은 마치 퍼즐조각인 양 그렇게 여러 조각으로
갈라졌습니다.

'나는 누구인가?'라는 여러분의 끈질긴 질문에 사람들은 제각기 자기 생각에 따라, 가족인지 친구인지 사회적 관계인지 학교에서의 관계인지 등에 따라, 그리고 여러분과 얼만큼 가까운지에 따라 대답을 했습니다. 그래서 여러분은 자신을 아주 다양한 이미지로 발견하게 됩니다. 아마 이 이미지들은 완전한 진실도 거짓도 아니겠죠. 여러분은 사람들이 여러분에 대해 말하는 것이 별로 자신과 닮지 않았다고 느껴져서 낭황스러울 수도 있어요. 물론 여러분이 학교에서나 집에서나 축구할 때나 항상 똑같을 순 없겠죠. 하지만 장소에 따라 몸색깔이 바뀌는 카멜레온이 된 것 같은 느낌은 여러분 마음에 들지도 않고, 심지어 약간 껄끄럽기도 하겠지요. 왜 그럴까요? 그건 겉모습은 다양할지라도 여러분 자신은 단 한 명이기 때문이에요. 오직 여러분만이 그 사실을 느낄 수 있어요. 여러 가지 변화에도 불구하고, 여러분이 다른 사람 앞에서 드러내는 다양한 모습에도 불구하고, 여러분은 단 한 사람이라는 사실을요. 여러분은 오직 여러분 자신 하나일 뿐이에요.

그런데 사실 다른 사람들도 다 이와 똑같은 상황이랍니다! 그렇다면 우리는 영원히 서로 알 수 없는 존재로 남게 될까요? 우리가 자신은 물론이고 서로를 알 수 있게 도와줄 수 있는 사람은 과연 있을까요?

초상화를 다듬다

이제까지 여러분은 일기쓰기와 인터뷰하기를 시도해 보았지만, 진심으로 그 결과를 받아들이진 못했어요. 그래서 '나는 누구인가?'라는 질문은 풀지 못한 수수께끼처럼 여전히 여러분의 머릿속을 떠나지 않습니다. 우리가 누구인지 확실하게 말할 수 있다면, 자기에 대한 확신을 가질 수 있다면, 자신의 성격에 맞는 직업을 선택할 수 있다면 정말이지 마음이 편할 거 같아요! 여러분은 자신을 아는 것과 다른 사람들을 아는 것 사이에는 뭔가 연관이 있다고 느낄 거예요. 하지만 구체적

불평꾼

으로는 그게 어떻게 나타날까요?

혹시 이럴 때 성격학, 즉 성격을 연구하는 학문이 유용한 보탬이 될까요? 성격을 연구하는 학문이라니 참 특이하기도 하죠!

어쨌든 라브뤼예르(1645~1696)가 루이 14세의 궁정에서, 그리고 파리의 거리에서 동시대 사람들을 관찰해서 한 것이 바로 그런 일이랍니다. 그는 특히 사람들의 결점에 관심이 있었어요. 그래서 그의 초상화 진열 회랑에는 우리 성격의 결점들이 걸려 있답니다. 예를 들어, 지통은 아무런 거리낌 없이 자기 재산을 과시하고, 아리아스는 만물박사이고, 몹스는 놀라울 정도로 뻔뻔스런 사람이고, 메날크는 더할 수 없이 산만하고, 그나통은 어찌나 이기적인지 밉살스럽다! 뭐 이런 식으로요.

그럼, 이제 배경을 한번 바꿔볼까요. 벨벳 의상과 분을 뿌린 가발은 치워버려요. 그럼 뭐가 남나요? 바로 모든 인간에게 공통된 성격의 특징들이죠. 라브뤼예르의 『성격론』을 즐겁게 읽으면서 몹스나 아리아스를 묘사한 대목에서 이름만 다르게 바꿔 보세요. 예를 들어 이런 부분에서요. "내가 몹스를 알게 된 것은 그가 나를 잘 알지도 못하면서 찾아왔기 때문이었다. (…) 그는 그가 누구인지는 물론이고 심지어 그가 거기에 있는지도 몰랐던 사람들, 존경받는 사람들 무리에 슬그머니 끼어들었다. 그는 사람들이 자기에게 말을 걸 때까지 기다리지 않았고, 자기가 방해가 된다는 걸 느끼지 못하는 것도 아니면서도 말을 꺼내곤 했는데 대개는 우스꽝스러웠다." 혹은 이런 부분도 좋겠죠. "아리아스는 다 읽었고, 다 봤으며, 다 들어봤다고 한다. 사람들이 그렇게 믿기를 원하는 것이다. (…) 그는 잠자코 있거나 뭔가 잘 모르는 것처럼 비치기보다는 차라리 거짓말하는 쪽을 더 좋아한다." 아마 여러분 주변에서도 금세 이런 사람을 찾아낼 수 있을 거라고 장담해요.

따라서 어느 시대 어느 나라에서든 보편적인 유형이라 할 만한 성격들은 존재할 겁니다. 어쨌든 성격학 쪽의 주장은 그렇지요. 서로 다른 성격이 무수히 많이 존재하는 것이 아니라 각각의 성격들을 유형에 따라 크게 나눌 수 있다는 거지요.

꼭 라브뤼예르의 이론이 아니더라도, 성격학이 자기 자신을 더 잘 알 수 있는 다른 방법들을 제공할까요? 그 방법들이 우리 안에 있는 비밀들을 더 많이 밝힐 수 있도록 도와줄까요? 하지만 어떻게요?

무수히 많은 별들!

아마 블레즈 파스칼이 20세기
의 물리학자들과 생물학자들을 만났더라면 무척 마음에 들
어 했을 거예요. 무한히 큰 것과 무한히 작은 것에 맞닥뜨린
그들은 세상을 탐구할 수 있는 가장 정밀한 기술들에
도 불구하고 우주는 여전히 수수께
끼이며, 나비의 날갯짓

이 수천 킬로미터 떨어진 곳에 돌풍을 일으킬 수도 있다고 했거든요. 우주 안에 존재하는 보이지 않는 관계들의 영향을 인정한 셈이지요.

칼데아의 점성가들(기원전 2500년) 역시 세상에는 우리가 알 수 없는 신비로운 관계가 있다는, 비슷한 직관을 가지고 있었지요. 그들은 밤하늘을 아주 많이 관찰을 했고, 그 자료를 바탕으로 그리스의 지리학자이자 천문학자 프톨레마이오스(서기 1세기)는 사람이 태어난 날짜에 따른 정확한 천궁도를 완성했어요. 그는 어떤 사람의 행동과 그가 탄생하던 순간의 천체 사이에 불가사의한 관계가 존재한다고 생각했어요. 당신이 태어나던 순간의 정확한 천궁도만 알 수 있다면 당신이 어떤 사람인지 말해줄 수 있다는 것이죠. 점성술은 여러분이 태어나던 시간에 여러분이 태어난 장소에서 태양과 태양계의 다른 행성들이 어디쯤에 위치했는지를 바탕으로 여러분의 성격을 설명하려고 해요. 우리가 별자리라고 부르는 것이 바로 그것입니다.

점성술에서 별들은 우리의 내면세계를 나타내는 가시적인 신호예요. 우리에게는 각자 하나씩 자신이 태어난 날과 연결된 별자리가 있어요. 각 별자리는 여러분이 태어난 기간에 태양이 하늘의 어떤 부분을 지나가는지에 따라 결정되지요.

별자리에는 12개가 있는데, 제각기 고유한 특징을 지녀요. 만일 여러분이 10월 24일에서 11월 22일 사이에 태어났다면 여러분은 전갈자리예요. 만일 1월 21일에서 2월 18일 사이에 태어났다면 물병자리고요. 점성술에서 전갈자리는 물병자리와 전혀 다른 성격이에요. 물론 점성술은 각 별자리에 미치는 행성들의 영향도 신경을 쓰며, 여기에는 아주 복잡한 해석이 필요하지요.

69

점성술은 여러분 성격의 전체적인 특징들, 여러분의 성향, 여러분이 여러 사건에 대응하는 방식을 연구하고자 해요. 또한 점성술은 여러분의 미래를 예측하기도 하죠. 많은 사람들이 자신의 별점을 읽으며 좋아하지요! "어쨌든, 아무도 모르는 일이다!" 원자 구조에 대한 연구로 유명한 물리학자 닐스 보어가 자기 집 출입문 위에 행운의 상징인 말편자를 걸어놓았다고 친구들이 비난하자, 이를 반박하며 한 말이에요. 정말로 아무도 모르는 일이죠! 점성술은 우리가 자신의 성격에 대한 궁금증에 사로잡혀 있다는 사실을 잘 보여주지요.

상징을 잊지 마세요!

사람들의 성격에 우주가 영향을 미친다는 생각을 완성하기 위해 프톨레마이오스는 우주를 구성하는 네 가지 요소인 물, 공기, 흙, 불을 별자리와 연결 지었어요.

자세히 말하자면, 물은 게자리, 전갈자리, 물고기자리의 기본 요소예요. 물은 순응주의, 감수성, 몽상을 상징하지요.

공기는 쌍둥이자리, 천칭자리, 물병자리를 지배하는 요소예요. 공기는 상상력, 지혜와 관련이 있지만 동시에 흩어짐과도 관련이 있어요.

흙은 황소자리, 처녀자리, 염소자리를 대표해요. 흙은 실용적인 감각과 안정성, 합리적 성향을 부여하는 동시에 비관주의와도 결부돼요.

불은 양자리, 사자자리, 사수자리에 해당해요. 불은 이런 자리 사람들에게 힘과 의지, 자부심이나 공격성을 가져다준다고 하지요.

여러분은 같은 별자리에서 태어난 사람들에서 공통적인

성격 특징들을 알아내 보려고 할 수도 있어요. 예를 들어 음악가 모차르트와 쇼팽, 시인이자 소설가 자크 프레베르와 쥘 베른, 화가 마네와 앙리 루소는 모두 다 물병자리랍니다. 하지만 프랑스 제1공화국의 우두머리 로베스피에르, 노예제를 폐지한 미국 대통령 에이브러햄 링컨, 그리고 앙페르나 볼타, 몽골피에 같은 과학 분야의 선구자들도 물병자리예요. 잘생기고 매력적인 제임스 딘도 물병자리에서 빼놓을 수 없지요.

점성술에서 물병자리는 이상주의자여서, 때때로 지상에서

길을 잃은 천사로 불리기도 해요. 모차르트는 이런 말도 했지요. "나는 하늘과 땅에서 태어났지만 내가 속한 곳은 하늘이다!"

점성술에 어떤 진실성이 있다고 인정하는 것은, 별자리가 같은 사람들 사이에는 공통된 본성이 있음을 받아들이는 셈이 됩니다. 물론 우리는 그렇게 믿을 수도 있고, 그렇게 믿지 않을 수도 있어요! 바로 여러분 자신이 여러분의 탐색을 이끌

어가야 하는 거지요. 예를 들어 여러분이 어떤 별자리의 사람들과 가장 잘 맞는지, 여러분이 흙인지, 공기인지, 물인지, 불인지 생각해보는 겁니다. 어쨌든 점성술은 2000년도 넘는 아주 오랜 세월 동안 중국, 인도, 아프리카, 서양 등 모든 문화권에서 사람들을 사로잡아온 이상한 질문 '나는 누구인가?'의 비밀을 파헤치도록 도왔다는 사실은 외면할 수 없지요.

내 얼굴 볼래?

여러분도 알겠지만, 점성술 외에도 성격을 알기 위한 다른 방법들이 많이 있습니다. 그중 어떤 방법들은 의사들이 제시했죠. 고대 그리스의 의사 히포크라테스(기원전 460~377)는 인간의 기질을 우울질, 담즙질, 다혈질, 점액질, 이렇게 4가지로 분류했어요. 먹기, 숨쉬기, 생각하기, 움직이기 같은 사람들을 지배하는 주된 본능을 토대로 한 이 분류법은 여러분의 체형에 따라 여러분의 기질을 진단하지요.

만일 여러분이 네모난 얼굴과 손, 거무스레한 안색, 길쭉하

74

고 단단한 근육을 가지고 있다면, 여러분은 담즙질로 분류되며 군대 지휘관이나 기업을 이끄는 사람으로 적합하다고 하지요. 여러분이 우울질에 속한다면, 삼각형의 얼굴과 손, 핏기 없는 안색을 가졌을 것이고 근육이 쉽게 생기지 않아요! 어쩔 수 없어요, 여러분은 대신 수학이나 철학 쪽과 잘 맞아요! 만일 다혈질에 속한다면 여러분은 인생을 사랑할 거예요! 게다가 얼굴이 크고, 혈색이 좋으며, 손은 크고 육각형 모양일 거예요. 그럴 땐 통신이나 상업 쪽 일을 택하면 좋다는군요.

혹시 여러분의 얼굴이 서양 배 모양으로 약간 포동포동하게 생겼다면, 여러분은 점액질일 겁니다. 침착성과 자제력, 참을성을 갖고 있지요. 수도사나 시인, 혹은 유명한 메그레 경감(프랑스 작가 조르주 심농의 추리소설 주인공 -옮긴이)처럼 경찰이 된 자신을 상상해 보세요!

여러분은 자신의 지도가 있나요?

여러분의 별자리를 알아보고, 얼굴과 손의 생김새도 잘 살펴보았나요? 그런데 '너 자신을 알라'는 그 유명한 말은 어떻게 되었나요? 잠시 옆길로 빗나갔다고요? 그건 여러분이 고대 그리  스의 방법과는 아주 다른 현대적인 방법을 시도해보지 않았기 때문이에요. 그 방법이란 바로 신경언어 프로그래밍(NLP)입니다.

 각자 연구실에 틀어박혀 있는 아주 뛰어난 교수님들을 상상해 보세요. 한 명은 통신에 몰두하고, 다른 사람은 신경체계의 복잡한 기능에 관심을 쏟으며, 또 한 사람은 언어를 분석해요. 첫

번째 사람은 수학에 홀딱 빠져 있고, 다른 사람들은 심리학에 열중해요. 이 사람들을 한 실험실에 모아놓고 '도대체가 이해하기 힘든 인간이라는 이상한 동물을 이해하기' 라는 하나의 과제를 줘봅시다. 그들의 두뇌를 섞어서 마구 흔든 후에, 얍! 이제 뭐가 나오나 보세요. 자기를 더 잘 알 수 있는 아주 멋진 비결이 나왔네요. 짜잔! 그건 바로 '현실 지도'랍니다!

신경언어 프로그래밍에서 각 개인은 자기만의 고유한 '현실 지도'를 갖고 있어요. 아니 아니, 신분증이 아니라 현실 지도라니까요!

자기 자신을 알기 위해서만이 아니라 다른 사람들과 소통하려면 자신의 현실 지도를

해독해야 해요. 이건 유료방송채널을 볼 때와 비슷하죠. 만일 여러분에게 수신 장치가 없다면 화면이 뿌옇게 나와서 방송을 볼 수 없듯이, 현실 지도를 모른다면 의사소통이 힘들겠죠.

현실 지도, 그건 여러분이 다양한 감각으로 현실세계에 접근하는 여러분만의 특별한 방식이에요. 사람들마다 시각, 청각, 촉각, 후각, 미각 중에서 특히 재능이 있는 '소통 경로'가 따로 있지요. 여러분은 그 경로를 통해서 현실을 더 잘 그려볼 수 있습니다.

그렇지만 여러분이 특별한 재능을 타고난 경로가 어떤 것인지 어떻게 알 수 있을까요? 청각일까요, 시각일까요, 아니면 촉각이나 미각일까요? 여러분이 미처 의식하기도 전에 여러분의 말투와 눈의 움직임이 벌써 여러분에 대해 알려준답

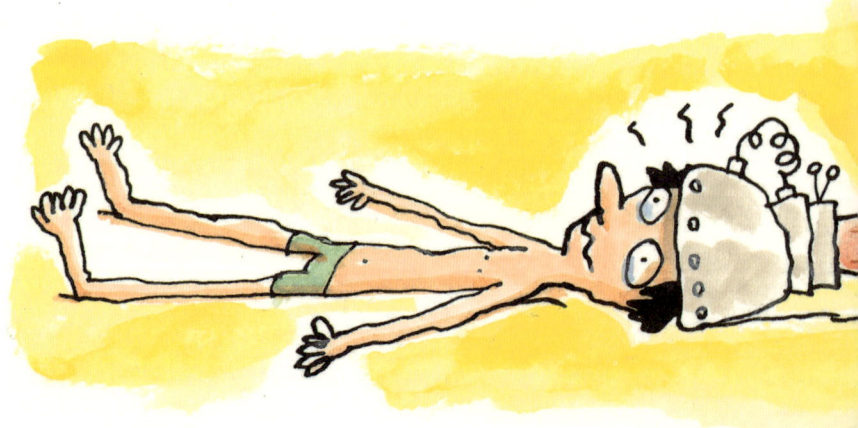

니다. 바로 이런 단서들을 바탕으로 여러분은 시각형이나 청각형 혹은 운동감각형으로 분류돼요. 마지막 유형의 운동감각에는 촉각, 후각, 미각과 결부된 감각들이 포함된답니다.

여러분이 친구와 말할 때 여러분이 가장 자주 사용하는 단어와 표현들을 관찰해 보세요. 어쩌면 여러분은 1분도 되기 전에 이런 말을 반복할지도 몰라요. 그것 봐라, 이제 분명히 보이네, 보여줘봐, 이미 예견했어, 전망이 없어, 난 통찰력이 있어, 분명해, 앞이 캄캄해, 상당히 희미하고 약간 안개가 꼈어. 만일 그렇다면 여러분은 시각형 인간이기 십상입니다.

반대로 이런 표현을 좋아할 수도 있어요. 잘 알아들었어, 네 말 듣고 있어, 내 안에서 계속 울려 퍼져, 귀담아 듣고 있어, 엉뚱한 소리를 하네, 거짓말처럼 들려, 그렇고 말고 난 네 말에 귀를 기울이고 있어. 이런 경우 여러분은 청각형 인간이랍니다.

운동감각형인 사람은 이런 표현을 좋아하지요. 손 좀 빌리자, 발을 땅에 붙여야지, 말을 빙빙 돌리지 마라, 냄새를 잘 맡네, 기회를 붙잡아야지, 사태를 장악하다, 관계를 맺다, 당신이 무겁게 느껴진다! 여러분 눈의 미세한 움직임들은 NLP라는 셜록 홈즈를 벗어날 수 없어요. 우리는 생각할 때 소리나 이미지나 다른 감각들도 사용하기 때문이죠. 여러분이 지금 마음속으로 하고 있는 정신적인 활동과 현재 사용하고 있는 감각체계는 눈의 미세한 움직임들 속에도 드러나지요. 간단히 말해서 NLP는 여러분의 현실 지도를 바로 그 순간에 해독해버립니다. 어떤 회사에서는 여러분이 과연 지원한 직업 분야에 어울리는지 확인하기 위해 NLP 기법을 익힌 인사담당자들을 고용한다는 사실도 기억하세요.

감각지각 검사

◆ 질문을 읽고 제시된 네 항목 중에서
여러분의 경험과 가장 가까워 보이는
것을 선택하세요. 15개 문항에
모두 답했으면 분석표를 참고하세요.

1) 매일 아침 잠에서 깰 때 제일 먼저 머릿속에 떠오르는 것은?

A. 자명종 소리
B. 커튼 틈으로 흐릿한 아침의 빛을 느껴 보려 한다
C. 이제 맞게 될 낮 시간을 생각한다
D. 곧 벗어나야 할 이불 속의 따뜻한 느낌

2) 지금 바닷가를 산책하고 있다면,

A. 파도소리와 바닷새의 노랫소리에 귀를 기울인다
B. 공기 중에 퍼진 냄새와 물보라가 가득한 산들바람을 느낀다
C. 마음속으로 산책하기 딱 좋은 순간을 택했다고 말한다
D. 풍경에 감탄한다

3) 버스를 타면,

A. 주변 사람들을 쳐다본다
B. 자기 생각에 빠져 든다
C. 버스의 온도조절이 적당하지 않다고 생각한다. 버스 안은 항상 너무 덥거나 너무 춥다
D. 주변의 대화에 귀를 기울인다

4) 식당에 갈 때면, 좋아하는 음식이 맛있어야 하는 것 외에도

A. 배경음악이 좋았으면 한다
B. 실내장식이 멋있기를 원한다
C. 의자가 편하면 좋겠다
D. 메뉴가 자주 바뀌면 좋겠다

5) 슈퍼마켓에서 물건을 살 때,
    계산대에서 오래 기다리는 것 말고 가장 짜증나는 일은,

A. 물건 값이 또 오른 것
B. 여러분이 뭔가를 더 사게 만들려고 마이크를 들고 소리를 질러대는
   판매원의 감언이설
C. 물건 진열방식이 자주 바뀌어서 사려는 물건을 평소와 같은 자리에서
   찾을 수 없는 것
D. 일대일 관계의 부재, 즉 도와줄 판매원을 결코 찾을 수 없는 것

6) 아주 오래된 성당에 들어갔어요.
    여러분에게 가장 강한 인상을 주는 것은,

A. 향 냄새
B. 꽤 어두운 실내를 희미하게 밝히는 양초의 불빛과 스테인드글라스
C. 고요함
D. 특별히 관심을 끄는 것은 없다. 단지 오래된 성당들은 모두 약간씩
   닮았다고 느끼지만, 왜 그런지 깊이 생각해보지는 않았다

7) 여름날 시골에서 비가 올 때,

A. 하루 공쳤다고 생각한다
B. 축축한 흙냄새를 즐긴다
C. 무지개가 뜨기를 기다린다
D. 빗방울 떨어지는 소리를 듣는다

8) 사람들이 춤추는 장소에 갔어요

A. 음악이 너무 시끄럽다고, 혹은 너무 소리가 작다고 생각한다

B. 홀의 배치나 조명 같은 것들을 살펴본다

C. 그곳 분위기가 좋은지 바로 알 수 있다

D. 미리 자리를 예약해두어서 아주 흐뭇하다

9) 이웃집 사람들이 휴가를 떠났다가 돌아왔어요

A. 그 집 아이들 혈색이 아주 좋아졌다

B. 이제 조용한 나날은 끝났다. 그 사람들 친절하긴 해도 아주 시끄러운데!

C. 그들이 잘 갔다 와서 기쁘다

D. 이제 곧 여러분이 휴가를 떠날 차례라고 생각한다

10) 셀프서비스 주유소에서 차에 기름을 넣어요

A. 계량기의 숫자가 바뀌는 것을 주의 깊게 확인한다

B. 자동급유장치의 소리를 들으면 기름이 다 찼는지 알 수 있다

C. 바깥공기를 쐬는 건 참 좋은데, 기름 냄새가 나는 게 유감이다!

D. 차의 연료소비량이나 다른 문제를 생각한다

바로 그 순간 위대한 원주민 추장이 후크 선장에게
오래된 감각지각 검사지를 내미는 실수를 했어요.

11) 시골 축제에 갔어요

A. 너무 시끄럽다

B. 회전목마와 사격장의 색깔이 선명하고 눈부시다

C. 인파에 짓눌리고 떠밀리는 느낌이다

D. 예전에 갔던 다른 시골 축제들이 생각나서 비교하게 된다

12) 다른 사람이 운전하는 차를 타고 어딘가로 갈 때,

A. 풍경을 바라본다

B. 마음에 드는 음악을 틀거나 라디오 프로그램을 찾는 데 몰두한다

C. 편히 휴식을 취한다

D. 자꾸 운전자를 간섭하게 될 것 같아서 다른 생각을 하려고 노력한다

13) 목욕할 때 여러분은,

A. 물의 따뜻한 온기를 즐긴다

B. 평화롭게 침묵의 순간을 맛보거나 음악을 듣는 데 그 시간을 쓴다

C. 이렇게 휴식을 취하니 정말 기분 좋다고 생각한다

D. 거품을 바라보면서 백일몽에 빠진다

14) 여러분이 옷가게에서 스웨터를 입어본 후에 구입했다면 그 옷은,

A. 제일 편하고 감촉이 좋은 옷이다

B. 거울에 비쳐봤을 때 가장 잘 어울리는 옷이다

C. 여러분에게 가장 큰 만족감을 줄 거라고 생각한 옷이다

D. 모든 점에서 여러분이 입으려고 하는 상황에 가장 잘 맞을 것 같은 옷이다

15) 친구 집에 갔는데 그 집 고양이가 야옹거리며 다가와서 여러분의 다리에 머리를 비벼요

A. 고양이가 너무 예뻐서 안아서 무릎에 앉힌다

B. 야옹거리는 소리를 들으면서 얘가 뭘 원하는 걸까 생각한다

C. 털이 아주 부드러워서 쓰다듬어준다

D. 여러분이 동물을 좋아하는 사람이어서 이 고양이에게도 다행이라고 생각한다

검사 결과 확인하기

질문	1	2	3	4	5	6	7	8	9	10	11	12	13	14	15
대답	A	A	D	A	B	C	D	A	B	B	B	A	B	C	B
	B	D	A	B	C	B	C	B	A	A	B	A	D	B	A
	D	B	C	C	D	A	B	C	C	C	C	C	C	A	C
	C	C	B	D	A	D	A	D	D	D	D	D	D	C	D	D

- ■ 청각형
- ■ 시각형
- ■ 운동감각형
- ■ 내면대화형

활용법

- 여러분이 대답한 항목에 표시하세요.
- 각 줄에 표시된 수를 합산하세요.

  제일 높은 점수를 얻은 줄이 여러분을 지배하는 감각양식이에요.

● 청각형

여러분은 소리의 세계에서 살고 있습니다. 만나는 사람들을 그들의 목소리에 따라 평가하지요. 또한 말할 때 정확한 울림을 남기고, 말하고자 하는 바에 잘 어울리는 단어를 찾는 등 사용하는 단어에 신경을 많이 써요. 여러분은 음악가가 아니더라도 음악을 좋아해서 콧노래를 흥얼거리는 경우도 많아요. 사람의 얼굴은 잘 알아보지 못하지만 목소리, 특히 전화 통화로 목소리를 들으면 누군지 쉽게 알아맞혀요. 여러분은 수다 떨기를 좋아하고 잘 들을 줄 아는데, 그것이 여러분의 직관과 이해력의 주된 원천이 되지요. 그렇지만 여러분의 내면 대화는 지시를 내리려고만 해서 이따금씩 여러분을 현실과 아주 동떨어진 곳으로 끌고 갈 수 있으니 계속해서 주의를 기울여야 해요.

● 시각형

여러분에게는 관찰력과 위치 파악의 감각이 있고, 사람을 잘 알아봅니다.

무언가를 배울 때도 직접 관찰해야 그것을 이해하고 기억할 수 있어요. 또한 상상력이 풍부하고 창조적이죠. 여러분은 주변 환경에 민감한데, 가끔은 이 때문에 불편할 수도 있어요. 게다가 첫눈에 다른 사람들을 파악하는 편인데, 이런 점이 항상 좋은 것은 아니에요. 여러분은 여러분 자신이나 다른 사람들에게 비치는 자신의 이미지에 주의를 기울여요. 이런 면 역시 너무 쉽게 외모에 속아 넘어가게 할 수 있어서 나쁜 영향을 미칠 가능성이 있어요. '첫눈에' 재빨리 판단하는 습성을 자제하고, 내면의 깊은 대화를 통해 이런 점을 보완하려고 노력해야 해요.

● 운동감각형

여러분은 분위기에 민감하며, 다른 사람들에게 푸근하게 대하고 편하게 해 줄 줄 압니다. 쾌활한 성격에 본능적으로 남을 이해하는 능력이 있어서 만나는 사람마다 여러분에게 호감을 느끼는 편이죠. 또한 상식이 풍부한데 가끔은 약간 '가벼워' 보일 정도예요. 여러분을 설득하려면 무게 있는 논리와 확실한 증거를 근거로 삼아야 해요. 여러분은 우정에 충실하며, 여러분의 감정은 변함없고 꾸준해요. 하지만 감정을 속일 줄 몰라서 한번 실망하면 다시 돌이킬 수 없는 경우가 많지요. 여러분은 부정적인 느낌을 받으면 모든 것을 중단해버리기가 쉬워요. 그런 일이 생길 때면 부정적인 생각에서 벗어나기 위해 시각과 청각에 의지해서 생각을 정리하고 여러분의 행동을 조절해야 해요.

● 내면대화형

여러분은 생각을 많이 하며, 대체로 이성이 감정보다 우세합니다. 일반적으로 여러분은 과거에 다르게 행동했어야 했다고 생각하는 편이고, 적당한 해결책을 찾을 때까지 마음속으로 여러 문제들을 계속 되짚어보죠. 많은 경우 여러분은 느리게 살아간다고 느껴요. 왜냐하면 여러분의 감각지각이 즉각 단어로 번역되기 때문이죠. 그것은 곤란한 상황을 겪을 때는 아주 유용하지만, 기분 좋은 순간을 즐기는 능력을 상당히 억제한답니다. 순간을 즐기는 능력을 계발하려면 여러분의 시각과 청각, 운동감각을 키우려고 노력해야 해요.

*카테린 쿠디치오의 『NLP-신경언어 프로그래밍』
(Mementos eo des Editions d'organisation)에 제시된 NLP 검사

유익한 충고 하나 할까요? 사랑하는 사람과 함께 살기 전에, 앞으로 일어날 갖가지 소란을 피할 수 있도록 상대방에게 '현실 지도'를 달라고 하세요. 악몽 같은 상황을 한번 상상해보죠! 여러분은 이제 자신의 '안락한 보금자리'의 질서와 장식에 민감한 시각형 인간이에요. 당연히 뒤죽박죽 어질러지거나 지저분한 것을 싫어해요. 그런데 상대는 촉각이 시각보다 훨씬 더 중요한 운동감각형

인간에 속해요. 낡고 구멍 난 스웨터가 사흘씩이나 거실 소
파에 널려 있어도 결코 아파트가 어질러져 있다고 생각하지
않는 사람이지요! 그 사람의 입장에서는 스웨터가 바로 손닿
을 곳에 있으니 얼마나 편리하겠어요! 여러분이 꼴도 보기 싫
은 그 스웨터를 휴지통에 던져버리기 전에, 그리고 상대가 스
웨터를 찾으려고 쓰레기차 꽁무니를 쫓아가는 일이 생기기
전에, (더 이상 여러분에게도 수수께끼가 아닌) NLP 기법을 이용
해서 아주 작은 소통의 노력을 해보세요.

상대에게 지극히 순진무구한 어조로 물어보세요. "만일 과
자 부스러기가 가득 떨어져 있는 소파에 앉게 된다면 자기는

어떨 것 같아?" 그러면 상대도 자기가 그런 소파에 앉는 것을 견딜 수 없어 하는 것처럼, 자신이 아끼는 낡은 스웨터가 여러분을 견딜 수 없게 괴롭힌다는 사실을 확실하게 이해할 거예요.

바로 이것이 NLP의 메시지예요. 다른 사람들을 알기 위해 그리고 무엇보다 그 사람과 조화롭게 소통하기 위해서 먼저 너 자신을 알라. 교실에서의 싸움을, 사무실에서의 전쟁을, 집에서의 바보 같은 말다툼을 끝내라. 이거 끝내주게 근사한 일이죠!

그런데 무슨 대가를 치러서라도 자신을 알아야 하는 까닭이 원대하고 보편적인 평화를 수립하기 위해서일까요? 점성술이든 히포크라테스의 방법이든 NLP 기법이든 지금까지 살펴본 방법들은 모두 외부에서의 관찰이에요. 여러분이 자신을 관찰하는 경우나 다른 사람들이 여러분을 관찰하는 경우나 다 그렇지요. 이제 남은 문제는 '가게 뒷방'을 탐색하는 일이에요. 하지만 어떻게 하면 될까요? 자기 내면을 알 방법, 여러분도 미처 몰랐던 여러분 내면 깊숙이 어둡게 가려진 곳을 환하게 비출 방법이 존재할까요?

알리바바의 동굴

1885년에 오스트리아의 의사 지그문트 프로이트는 정신이상에 대한 이론으로 유명하던 샤르코 박사의 강의를 듣기 위해 파리를 방문했습니다. 당시 프로이트는 신경질환에 관심이 있었지요. 몇 년 뒤 프로이트는 환자 자신의 내면적인 갈등, 곧 자신이 생각하는 바와 자신이 실제로 살아가는 모습과 자신이 말하는 것 사이의 갈등에서 육체의 병이 생겨나는 경우가 많음을 알게 되었죠. 그는 그런 환자들을 치료할 방법을 찾았는데, 그것이 바로 정신분석 요법이에요.

정신분석은 이름에서도 나타나듯 여러분의 정신현상, 곧 여러분이 의식하든 하지 못하든 상관없이 여러분 안에서 진행되는 모든 것을 분석합니다. 그러므로 정신분석은 사랑, 증오, 연민, 수치심, 기쁨 같은 여러분의 감정에 주의를 기울이며, 여러분이 세상을 이해하는 방식에도 관심을 가지죠. 여러분은 여러분을 둘러싼 이 세상을 어떻게 지각하나요? 부분

적으로 혹은 총체적으로? 공포심으로 혹은 환희에 차서? 세상을 있는 그대로의 모습으로 혹은 세상이 그랬으면 하고 여러분이 바라는 모습으로?

정신분석은 다른 사람들, 여러분이 살아가는 사회, 여러분의 가족, 그리고 여러분의 종교와 관련하여 여러분이 어디쯤 자기 자리를 잡는지도 알고 싶어 합니다. 마찬가지로 쥐나 거미에 대한 억누를 수 없는 공포나, 많은 사람들 앞에서 발언할 때의 불안 증세, 소방차처럼 빨갛고 요란한 스포츠카를 갖

고 싶은 강박관념 등도 분석하려고 하죠. 정신분석의 영역은 이렇게 아주 광범위합니다.

그러니 여러분 자신의 성격을 알고 싶다면 여러분의 추억, 욕망, 충동, 가족의 죽음처럼 여러분을 힘들게 했던 여러 사건, 여러분이 말하기를 거부한 모든 일들, 죽음에 대한 불안, 치유불가능한 병에 대한 공포, 형제나 자매에 대한 증오심, 이 모든 것이 뒤죽박죽으로 쌓여 있는 이 놀라운 알리바바의 동굴을 정리하는 일이 반드시 필요해요. 여러분은 이 모든 것을 의식 깊숙한 곳에 은밀하게 숨겨두었거든요. 결코 의식이라는 다락방까지 다시 올라오는 일이 없기를 희망하면서 무의식이라는 지하실에 처박아둔 거죠!

이상한 세 인물

우리 내면에서 어떤 일이 진행되는지 설명하기 위해 프로이트는 서로 조심스럽게 마주치거나 피하는 세 등장인물을 상상했어요. 프로이트는 그들을 '이드' '자아' '초자아'라고 불렀습니다.

저주받은 신전을 찾아가는 인디아나 존스처럼 손에 랜턴을 들고 여러분의 정신구조 안에 있는 복잡한 나선형 계단을 빙빙 돌아 내려간다고 상상해 보세요. 프로이트의 말대로라면, 여러분은 '이드'를 만나게 될 텐데요, 쉽게 자기 비밀을 누설하지 않는 수수께끼 같고 별난 녀석이랍니다.

프로이트가 말하는 '이드'는 여러분이 명확하게 의식하지 않았던 충동과 본능, 예를 들어 공격 충동이나 성적 충동 같은 것을 의미해요.

그 뒤를 이어 '자아'가 있어요. 이 친구는 완전 자주 만날 수 있어요. 여러분은 자아에 대해 익숙하게 잘 알아요. 자아는 여러분의 성격 중 알려진 부분을 가리키니까요.

이제 '초자아'가 남았네요. 이 친구는 미국식 샌드위치와 비슷해요. 여러분이 태어난 이후로 부모님이 여러분에게 가르친 모든 것으로 한 층, 선생님들이 가르친 내용들로 또 한 층, 사회가 가르친 것들로 또 한 층……. 이런 식으로 쌓여서 생겨났습니다. 그래서 초자아는 누가 가르쳐주는 걸 잘 배우지요. "이건 하지 마, 저것도 하지 마, 그건 나빠! 이걸 해, 저걸 해, 그건 좋아!" 초자아는 훈련이 잘 된 집 지키는 개처럼 행동하며, 늘 하던 대로에서 벗어난 모든 것을 비난하지요. 그래서 초자아는 '이드'의 막연한 충동들이 수면 위로 올라오지 않도록 감시하고 통제하는 데 시간을 들입니다.

자, 그러니 연로하신 베르트 아주머니가 도로포장용 롤러 아래 깔리는 꼴이 보고 싶고, 진열창을 깨서라도 자전거를 슬쩍하고 싶으며, 누나나 언니가 죽이고 싶도록 밉고, 쥐구멍만 한 집에서 도망쳐 매력적인 왕자나 예쁜 공주와 함께 지구 반대편으로 떠났으면 좋겠다는 사실을 고백하는 일은 결코 일

어나지 않을 거예요! 왜냐하면 초자아가 지키고 있으니까요.

설령 이런 생각들을 떠올린 적이 있다 해도 여러분은 결코 그렇게 말하지 않을 걸요? 당연하지요. 이드 안에 숨어 있는 충동과 욕망에 대한 여러분의 혐오를 즉시 처리하기 위해 초자아가 늘 보초를 서거든요.

이 세 인물 사이의 관계를 상상해 보세요. 그러면 왜 여러분이 갈팡질팡하고 망설이는 느낌이 드는지, 왜 반항하는 느낌이나 틀에 갇히는 느낌을 받는지, 그리고 결국 왜 여러분 자신에 대해 늘 확신하지 못하는지 혹은 너무 확신하는지, 아주 조금은 알게 될 겁니다!

모든 것이 의미를 갖는다!

프로이트의 연구와 이론이 발표된 후로 사람들은 이드에 접근해서 그 비밀을 풀 열쇠를 찾으려고 노력했습니다. 예를 들어서, 꿈을 해석해서 우리의 심층의식을 알아내려고 했듯이 말이죠.

여러분은 꿈이 헛소리 비슷하다고 생각해요! 그렇지만 프

로이트는 꿈에는 숨겨진 의미가 있다고 말합니다. 여러분은 지난밤 아파트 화단에서 달팽이를 여러 마리 잡는 엉뚱한 꿈을 꾸었어요. 그런데 그 꿈은 어쩌면 여러분이 껍질 안에 머물면서 외부세계와 대면하고 싶지 않아서 꾼 건지도 모릅니다.

무의식적인 망각이나 말실수 같은 것도 의미를 갖는다고 해석할 수 있지요. 과연 누가 여러분이 빵집에서 책가방을 잃어버린 게 전적으로 우연이었다고 믿어주겠어요? 게다가 여러분의 성적표가 마침 그 안에 들어 있던 채로 말이죠. 마찬가지로 수학시험이 있는 날 아침에도 여러분은 우연히 자명종 소리를 전혀 듣지 못했어요. 그리고 이번에도 우연히, 불독처럼 상냥하신 교무주임 라렌비 선생님을 라비렌 선생님(비열한 여자라는 뜻 -옮긴이)이라고 부르는 실수를 저질렀지 뭐예요.

약간 도식적으로 간추리자면, 정신분석학에서는 이 모든 일을 같은 맥락에서 해석할 수 있습니다. 학교가 여러분에게 스트레스를 주며, 여러분은 실패할까 두려워서 학교에 가고 싶지 않은 거라고 말이죠. 선생님들의 평가, 부모님이나 다른 친구들이 여러분을 바라보는 시선 또한 두렵지요. 여러분은 그들이 여러분에 대해 갖고 있는 기대에 맞추지 못하기 십상이지요. 망각이나 말실수는 여러분이 그 때문에 받고 있는 스트레스를 남몰래 나타내는 메시지이기도 해요. 그렇기에 여러분이 원하든 아니든 간에 여러분이 말한 것, 행한 것, 꿈꾼 것, 생각한 것 등 모든 것이 어떤 의미를 가져요. 모든 것이 해석될 수 있는 거지요.

꾸며낸 이야기들

우리의 의식 안에서 벌어지는 것들, 우리의 태도나 행동 속에 숨은 의미를 해독하려 한 사람은 지그문트 프로이트만이 아닙니다. 카를 구스타프 융(1875~1961)도 그런 모험을 시도했지요. 역시 정신의학자였던 융은 우리의 성격은 세 개의 층으로 구성된다고 말했습니다.

첫 번째 층에는 '성격의 외적인 측면'이 있어요. 이건 사람들이 우리에게 맡긴 역할과 좀 비슷해요. 우리가 학교에서, 집에서, 친구들과 있을 때 맡게 되는 역할 같은 것이죠. 예를 들어 여러분은 학교에서 아주 예의바르고 온순한 학생 역할을 합니다. 선생님들도 여러분을 그렇게 생각하고요. 반대로 집에서 여러분은 정말이지 말썽꾼일 거예요. 하기야 부모님도 계속 여러분에게 핀잔을 주며 늘 한심한 놈 취급을 하셨으니, 여러분도 계속 한심한 놈으로 행동한 거죠.

두 번째 층에는 '개인의 무의식'이 자리 잡고 있습니다. 이

무의식이 꿈과 잊어버린 기억에서 해석해야 할 메시지를 보내는 거지요. 하지만 그 메시지가 반드시 창피스럽거나 부정적이고 병적인 충동을 담은 것만은 아닙니다.

세 번째 층에는 융이 '집단무의식'이라 부른 것이 있습니다. 집단무의식은 완전히 똑같지는 않지만, 각자 자기 몫을 조금

씩 나누어 갖는 커다란 생일케이크와 좀 비슷하다고 할 수 있지요. 집단무의식은 아주 옛날 옛적부터 신화나 동화 속에 표현되어 왔어요. 꾸며낸 이야기를 통해 우리는 세상의 기원이나 인간의 탄생, 신과 시간에 대한 수수께끼들을 해명하려

노력해왔답니다. 신화는 또한 우회적인 방식으로 죽음, 버림 받음, 고독이나 사랑에 대한 우리의 무의식적인 두려움을 상징하고 있죠. 식인귀나 마녀, 거인, 잃어버렸다가 다시 찾은 아이들이 등장하는 옛날이야기들 역시 마찬가지로 우리의 불안과 무의식적인 욕망을 나타내는 기능을 합니다.

융이 보기에 이 집단무의식은 우리 모두가 같이 물려받은 보편적인 유산이에요. 그렇기에 여러분이 말리의 밤바라족이든 오스트레일리아 원주민이든 이누이트족이든 유럽인이든, 세대를 거듭하며 전해 내려온 꾸며낸 이야기들에는 서로 겹

쳐지는 지점이 있어요. 차이점이 있음에도 불구하고 공통된 뭔가가 있는 거지요. 인류의 일부를 이루는 이 뭔가란 바로 이 세상과 인간 앞에서 느끼게 되는 놀라움, 수천 년 동안 풀리지 않았던 '나는 누구인가?'라는 질문을 던지게 만들었던 바로 그 놀라움이랍니다.

점성술에서 사상의학까지

사람들은 아주 옛날부터 자신이 어떤 존재인지 파악하기 위해 다양한 방법을 사용해왔다. 동서양을 막론하고 존재해온 '인간을 설명하는 다양한 방식들'은 과학이 발달한 오늘날에도 여전히 많은 사람들에게 받아들여지고 있다.

점성술은 그중 가장 오래되고 널리 알려진 방식이다. 그에 따르면 우리는 태어난 날에 따라 12개 별자리 중 하나에 속하며, 그 별자리에 맞는 성격을 가지고 살아가게 된다. 많은 사람들이 심심풀이로, 또는 진지하게 점성술을 받아들이며 신문, 잡지, 책, 인터넷 등에서도 관련된 많은 이야기가 퍼져 있다.

12간지는 점성술과 비슷한 동양의 방식이다. 우리는 태어난 해에 따라 쥐띠에서부터 돼지띠까지 12개의 띠 중 하나에 속한다. 띠에 따라서 운세와 성격이 영향을 받는다고 보며, 태어난 해뿐만 아니라 달, 날과 시간까지를 모두 합쳐 '사주팔자'라고 한다. 전통적으로 남녀가 결혼 전에 서로의 사주를 따져 궁합을 알아봤고, 지금도 많은 이들이 사주를 보러 다닌다. 손금과 관상 역시 인간을 알기 위해 널리 사용돼온 방법들 가운데 하나이다.

인간을 분석하려는 기술은 의학과 관련해 발달하기도 했다. 서양에서는 히포크라테스 이후 사람 몸을 흐르는 체액을 4가지로 분류하고, 어떤 체액이 우세한가에 따라 건강과 기질, 성격이 달라진다고 봤다. 근대 이전까지 체액설은 서양 의학의 핵심이었다. 한의학에서도 사람의 체질을 4가지로 분류하는 사상의학이라는 방식이 있다. 이제마 선생이 『동의수세보원』에서 제시한 이 방식은 사람의 체질을 태양인, 소양인, 소음인, 태음인으로 분류하고, 각각의 특색과 장단점을 파악했다.

위에 설명한 방식들 말고도 세계의 여러 문화들은 저마다 인간을 파악하고 분류하는 방법을 만들어왔다.

TIP

현대의 심리학

인간 정신의 수수께끼를 탐구하려 한 프로이트의 정신분석학 말고도, 인간의 마음과 행동을 과학적으로 이해하기 위한 시도가 예전부터 있었으며, 이는 오늘날 심리학이라는 학문으로 알려져 있다. 심리학은 인간을 연구대상으로 삼으면서, 우리가 왜 어떤 행동을 하고, 어떤 생각에 사로잡히는지를 탐구한다. 심리학은 인간을 이해하는 현대적이고 과학적인 방법이다.

심리학의 종류와 응용 분야는 아주 다양하다. 뇌의 기능과 호르몬 및 신경물질의 작용을 연구하는 생리심리학, 학습과 사고과정을 연구하는 인지심리학, 영아기부터 노년기까지 심리 변화를 연구하는 발달심리학, 개인의 정신적인 문제에 대해 상담과 치료를 해주는 상담심리학과 임상심리학, 집단 속에서 개인의 심리형성을 연구하는 사회심리학, 범죄자의 심리를 연구하는 범죄심리학 등 현대 사회의 다방면에서 심리학이 활용되고 있다. 또한 심리학의 연구 결과들이 잡지나 책을 통해 보통 사람들에게도 알기 쉽게 전해져서 자기 자신과 다른 사람의 마음을 이해할 수 있게끔 도움을 주고 있다.

간디의
지혜

나는 어떻게
다른 사람들과
함께할 수 있는가?

하나인
존재들

알 권리

크고
사나운 늑대

자유로워지는 법
배우기

도전하기

재앙의 시나리오

여러분도 짐작하겠지만, 일부 약삭빠른 사람들은 스스로를 더 잘 알기 위한 검사나 방법의 성과들에 많은 관심을 보였지요. 그러면서 한편으로, 그들은 정신분석과 성격학에서 빌려온 간단한 '비결'을 이용해서 여러분을 놀라게 하고 가끔은 함정에 빠뜨리기도 해요. 심지어는 여러분을 꾀기 위해 여러분의 성격이 작용하는 방식을 아주 깊고 정밀하게 연구했답니다!

여러분이 어느 화창한 날 학교에 가기 위해 평소보다 몇 시간 일찍 나갔다고 생각해봐요. 그런데 그날따라 일진이 완전 꽝이었어요! 갑작스런 문법시험! 야호, 신난다며 뛰어나간 체육시간에는 농구공이 얼굴 정면으로 날아왔고요, 질겅질겅 껌을 씹은 벌로 수학 연습문제를 세 문제나 더 풀어야 했고……. 한마디로 끔찍한 하루였어요! 여러분은 도망치듯 서둘러 즐거운 나의 집으로 돌아왔죠.

엄청 스트레스를 받은 여러분의 머릿속에는 이제 오직 한 가지 생각밖에 없지요. 텔레비전! 텔레비전 앞에 편히 앉아서

자신에게 아무런 질문도 던지는 일 없이 영상이 흘러가는 걸
그냥 쳐다보는 거지요. 바로 그 순간을 텔레비전 수상기 반대
편 끝에서 크고 사나운 늑대가 무척이나 기다리고 있습니다.
여러분이 미처 대항하기도 전에 순식간에 여러분을 잡아먹을
수 있는 순간이거든요. 그가 입맛을 다시며 말해요. "자, 광고
를 내보내볼까!"

크고 사나운 늑대는 등에처럼 귀찮게 하는 소크라테스와도, 몽테뉴라는 고독하고 용감한 카우보이와도 닮지 않았죠. 그러나 그 늑대는 자기 자신에 대한 지식, 개인 소비자로서의 인간에 대한 지식의 역사를 아주 중요하게 받아들였어요. 심지어 여러분이 누구인지 알기 위해 돈도 많이 썼지요. 그가 여러분의 행동을 분석하기 위해 여러분을 엿보고 파헤치고 염탐한 지는 벌써 여러 해가 됩니다.

사실 '인간은 무엇인가?'라는 질문, 소크라테스나 몽테뉴, 파스칼이 스스로에게 던졌던 질문 자체는 전혀 안중에 없어요! 오직 이 광고업자(아까 말했던 크고 사나운 늑대 말이죠)의 관심사는 샴푸나 컴퓨터 게임, 초콜릿 등등을 더 많이 소비하도록 부추기기 위해 여러분의 머릿속이 어떻게 작용하는지를 아는 거예요. 그래서 그는 이렇게 자문한답니다. 광고의 메시지가 여러분의 작은 뇌 속으로 잘 파고들어 여러분이 물건을 사게 만들 수 있는 가장 적절한 순간은 언제일까?

분석, 검사, 여러분이 처할 수 있는 상황의 모의실험, 그리고 각 개인의 무의식 안에 자리 잡은 것에 대한 지식, 이 모든 것을 통해 광고업자가 원하는 건 오직 한 가지, 바로 평범한 소비자의 행동유형을 파악하는 거지요. 여러분과 나, 여러분의 이웃, 우리 모두는 그의 매력적인 '표적'이랍니다.

겉모습의 세계

따라서 광고업자는 만일 '이' 상품을 쓴다면 여러분이 동화 속의 왕자 같은 매력남이나 굵은 팔뚝의 영웅, 멋진 왕자, 하다못해 왕자의 아들딸이라도 될 수 있다고 믿게 하려고 여러분의 선망과 억눌린 욕망을 이용합니다. 그들은 여러분의 이미지를 마치 거울처럼 여러분에게 반사하는데, 사실 그건 여러분의 비위를 맞추는 이미지일 뿐 실제와는 다른 이미지랍니다. 그들은 여러분의 마음을 더 잘 사로잡기 위해 여러분의 무의식을 살살 자극하며, 실제 현실보다 겉모습을 더 중요시합니다.

그런데 광고업자들은 도대체 어떻게 우리 모두를 한꺼번에 겨냥하면서도 다들 자신이 광고가 대상으로 삼는 주인공이라고 느끼게 만들 수 있을까요? 각 개인을 탄생부터 죽음까지 세밀하게 관찰했을까요? 실제와 유사한 결과를 낼 수 있을 정도로 충분히 많이 조사한 걸까요? 우리는 그들을, 텔레비전 화면 뒤에 숨어서 우리 움직임을 하나하나 남김없이 탐색하지만 우리 눈에는 보이지 않는 거대한 눈처럼 상상해볼 수도 있을 것 같습니다.

사실 광고업자들이 연구한 것은 주어진 상황에서 우리가 보이는 가장 표준적인 감정 반응이지요. 어찌 됐든 간에, 우리가 보이는 반응이 수만 가지나 존재하는 건 아니거든요. 우리에게서 원하는 반응을 유발할 수 있는 전형적인 감정과 느낌이 따로 있는 거죠. 거기에는 아이의 순진함에서부터 유혹, 권력, 부, 직업의식, 조국, 연대감 등등을 거쳐 우정과 가족의 행복에 이르기까지 다양한 것들이 존재하지요. 예를 들어 천사처럼 보이는 예쁜 아기가 어떤 상표의 화장실 휴지를 광고한다면 여러분은 어떤 반응을 보일까요? 글쎄요, 여러분 마음이 약해지겠지요. 너무 귀여운 아기 잖아요! 그럴 때 여러분은 사실 (여러분 자신이 통통한 아기였던 때의) 순수하고 행복했던 시

간과 여러분 자신을 동일시하는 거예요. 혹은 여러분의 어머니와 관련된 좋은 추억을 떠올릴 수도 있겠지요. 여러분이 아직 어머니의 '작고 소중한 보물'이던 시절의 추억을요!

그런 감정을 매개로 우리의 반응을 불러일으킬 수만 있다면 광고는 목적을 달성한 겁니다. 아무런 문제가 될 것도 없죠! 봐요, 여러분은 어떤 상표의 카망베르 치즈(노르망디 지방의 백색 치즈 -옮긴이)든 수프든 화장지든 살 태세예요. 그 광고가 은밀하게 전달하는 감정에 여러분이 무의식적으로 동조했기 때문이지요.

앞으로, 전진!

광고는 여러분을 조종하며, 정도의 차이는 있겠지만 여러분이 어떤 선택을 할지까지 결정하지요. 그렇다면 그렇게 주변 매체에 많은 영향을 받으면서 어떻게 여러분은 여러분 자신이 될 수 있을까요? 여러분을 있는 그대로 표현할 수 있으려면 자유로워야 하지 않을까요?

자유로우려면 고정관념이라는 덧칠이 된 부분, 유행이나 광고, 친구들, 텔레비전 같은 다양한 영향이 만들어낸 딱딱한

껍질을 벗겨내야 해요. 여러분 자신을 아는 법을 배운다는
건 자유로워지는 법을 배우고, 여러분이 원하는 것과 그것을
원하는 까닭을 아는 법을 배운다는 의미입니다. 자유롭다는
말은 뭔가 선택할 때 다른 사람들의 압박에 굴복하거나 조종
당하지 않는다는 뜻이고요. 자유롭기 위해서는 단절할 줄 알
아야 해요. 그건 이유 없이 반항하거나 모든 사람을 공격하고
거부하는 것과는 다릅니다. 소크라테스에게 단절한다는 건
대화를 나누고 진리를 추구하는 것이었죠. 몽테뉴에게는 여
행하면서 다른 사람들과 다양한 문화를 접한다는 의미였고

요. 파스칼에게는 신을 믿으면서 자기 삶에 의미를 부여하는 거였죠. 세 사람 모두 자신이 되고자 하는 바, 자신이 살고자 하는 바를 성찰하려 노력했어요. 그들은 자신이 살아가는 시대의 생각들, 삶의 방식들과 '단절하기'를 감행했던 것입니다. 자신에게 가장 중요한 것을 찾겠다고 선택한 길이지요.

선천적인 것과 후천적인 것

하지만 자기 자신을 찾고 자유를 얻기 위해 한걸음씩 앞으로 나아가기 전에 분명히 밝혀야 할 질문이 하나 남아 있습니다.

여러분의 성격은 선천적일까요 후천적일까요?

만일 성격이 선천적인 것이라면, 이를 바꿀 방법은 없겠지요. 반대로 성격이 후천적인 것이라면 여러분은 자유롭게 못마땅한 부분을 고치거나 고치지 않을 수 있어요. 그럴 때 자유는 더 이상 근거 없는 몽상이 아니지요.

사람들이 여러분의 나쁜 성격을 나무랄 때 성격이 그런 건 자기 잘못이 아니라고 대꾸하는 경우가 있을 겁니다. 그건 집

안 내림이고, 여러분은 할아버지를 닮았다고 말이죠. 그렇다면 우리는 태어날 때부터 공격적이거나 용감하거나 화를 잘 내거나 굼뜨거나 경솔하거나 반항 기질이 있거나 관대하거나 매혹적일 수 있겠지요. 이처럼 성격이 처음부터 타고나는 것이라면, 얼마나 황당한 복권추첨인가요! 누구는 좋은 성격으로 태어나고, 누구는 나쁜 성격으로 태어난다니! 여러분은 자기 자신에게 갇혀 있으며 자유와는 영영 이별이에요! 무슨 짓을 해도 여러분의 성격은 변하지 않을 테고, 여러분의 운명은 확고하게 정해져 있을 테니까요.

낭만주의 시인들 중 많은 수가 자신에게 그렇게 운명의 낙인이 찍혀 있다고 믿었고, 쉽게 우수에 젖는 자신의 성격을 피할 수 없는 숙명으로 받아들였지요. 그러니까 설령 그들이 우울하다 해도, 가을날 옅은 안개만 껴도 죽고 싶은 마음이 든다 해도 그건 그들 잘못이 아닌 거죠.

19세기 시인 샤를 보들레르(1821~1867)는 성격과 운명이 밀접하게 연결되어 있다는 생각을 구체적으로 표현했지요. 그의 모든 작품에서 우리는 있는 그대로의 자신과 자신이 되고 싶어 하는 것 사이의 지속적인 갈등을 볼 수 있어요. 만일 어떤 사람들이 천성적으로 불안감에 시달린다고 우긴다면, 여

러분도 갑자기 남을 공격해놓고 '그건 내 잘못이 아니에요, 난 원래 그렇게 만들어진 사람이라니까!'라고 주장할 수도 있을까요? 마치 여러분이 본의 아니게 폭력을 썼다는 듯 말예요! 그러나 정말 그런 식으로 무죄를 주장할 수 있을까요?

자신이 충동적으로 폭력을 행사했을 때 책임을 느끼지 않는 건 그다지 명예롭지 않은 처사지요. 치사한 일 아닐까요? 어쩌면 여러분은 그런 충동이 여러분보다 더 강하다고도 생각할 거예요. 다른 사람들을 공격할 때 여러분 스스로가 자신이 휘두르는 폭력을 제어하지 못한다고 느끼는 거죠. 마치 자신이 둘로 나뉘면서 한쪽이 행사하는 폭력을 무력한 구경

꾼처럼 지켜보기만 할 뿐이라고 느낄지도 모릅니다. 그런데 자기를 아는 법을 배우는 것은 바로 자신의 충동을 제어하는 법을 배우는 것, 인간이 되기 위해 오랜 본능과 동물의 반사적 행동에서 벗어나는 법을 배우는 것이라면 어떨까요? 개는 자신의 공격적인 행동을 의식하지 않지요. 그저 위협받는다고 느낄 때, 따라서 위험하다고 느낄 때 그렇게 대응할 뿐입니다. 자극을 받으면 본능적으로 생명을 지키기 위해 이빨을 내보이는 거지요. 만일 그걸로 충분치 않다면 공격에 나설 것이고요. 하지만 여러분, 여러분은 위협받는다고 느낄 때 바로 공격하는 것 말고도 다르게 반응할 수 있지 않나요? 정도의 차이는 있겠지만 여러분의 성격 중 어떤 특징들은 확실히 선천적이에요. 예를 들어, 동정심이나 감수성, 기쁨이나 고통을 겉으로 표현하는 방식, 혹은 반대로 감정을 밖으로 잘 드러내지 않고 마음속에 간직하는 방식 등이 그렇습니다. 하지만 여러분의 성격은 여러분이 살면서 겪은 가족 간의 일이나 사회에서 겪은 일을 통해, 그리고 그에 대한 여러분의 태도와 반응을 통해 자유롭게 형성되지요.

그러니 여러분은 학교에서 여러분이 싫어하고 꼴사나워 하는 상대를 말로든 행동으로든 공격하겠다고 자유롭게 선택할 수 있어요. 마찬가지로 상대를 머리끝에서부터 발끝까지 경멸하지 않고 냉정을 유지하면서 참겠다고 선택하는 것도 여러분의 자유지요!

만일 그대가 원한다면 그대는 자유롭다!

우리가 자발적으로 할 수 있는 일을 자각하는 것이 바로 자기를 아는 것입니다. 자신의

말과 행동의 결과를 예상한다면 이따금씩 다르게 행동하게
되거든요. 소크라테스가 관심을 가졌던 점도 바로 그것입니
다. 다른 사람들을 향한 태도를 바꾸기 위해 자신의 행동 속
에서 정의로운 면과 정의롭지 못한 면을 이해하는 것이지요.
만일 여러분이 자신이 정의롭지 않았다고 분명하게 자각한다
면, 여러분에게는 이런 불의를 고치기 위해 행동하거나 행동
하지 않을 자유가 있습니다.

예를 들어 여러분은 같은 반에서 1등하는 친구를 계속 '범
생이'니 '공부벌레'니 부르며 놀리곤 하
지요. 게다가 다들 그 친구를 따돌
리도록 분위기를 조성하기도 하
죠. 하지만 생각해봅시다. 여러
분은 대체 무엇을 가지고 그 친
구를 판단했나요? 아마 여러분
은 그 친구의 좋은 성적과 그 친
구 자신을 혼동했을 거예요. 사
실 선생님이 평가하신 건 친구의
답안지일 뿐, 그의 성격이나 랩
음악을 좋아하는 취향, 너그러운

마음이나 능수능란함과는 전혀 상관이 없는데 말이지요. 하지만 여러분 자신의 성적에 실망하다 보니 좀 지나치게 완벽해 보이는 그런 학생에게 복수하기로 마음먹은 거겠지요. 그친구가 실제로는 어떤 사람인지 전혀 고려하지 않고, 여러분 눈에 비치는 그의 모습 그대로만을 가지고 평가한 겁니다.

여러분 자신의 행동을 잘 분석해 보세요. 여러분은 정말로 자신의 행동에 질투심이나 부당함, 근거 없는 심술이 조금도 섞이지 않았다고 생각하나요? 여러분이 확실한 적이라 생각

하고 있는 상대방을 대하는 태도를 고칠 때, 아마 여러분을 향한 상대방의 태도도 변하는 걸 확인하게 될 겁니다. 마치 일종의 상호성이 존재하기라도 하는 것처럼요. 어떤 의미에서 여러분은 여러분이 다른 사람을 바라볼 때의 자기 시선에 대해 책임이 있는 겁니다.

따라서 자기를 안다는 건 스스로 이렇게 질문하는 것과 같습니다. "나는 내 주변의 사람들을 어떻게 바라보는가?" "그것은 어떤 점에서 달라질 수 있을까?" 이렇게 자문하다 보면 자기를 아는 법을 배우게 될 뿐만 아니라 자유롭게 되는 법을 배울 수 있을 겁니다.

물론 어렵고 복잡한 일이긴 하지요. 그건 시간을 들여서 곰곰이 생각하고 가끔은 여러 가지 조언도 들어야 하는 개인적인 모험이니까요. 약 2000년 전, 해방노예이자 철학자였던 에픽테토스는 이렇게 주장했습니다.

"만일 그대가 원한다면 그대는 자유롭다. 자유로워지려면

너 자신을 알라고 했던 소크라테스의 조언을 따르라. 그대에게 달린 문제와 그렇지 않은 문제를 구분하는 법을 배워라. 부, 건강, 명예, 그리고 사람들이 그대에 대해 갖는 의견은 그대가 어찌할 수 있는 문제가 아니다. 그대는 그 문제에 전혀 힘을 보탤 수 없으니까. 그러나 그 나머지 것들, 그대가 생각하고 원하고 욕망하는 모든 것은 그대에게 달려 있다. 그러니 이 점들을 잘 의식하고 행동하라."

모든 인간은 형제다!

자신의 성격을 알려면 노력이 필요합니다. 그건 자기 자신에게, 그리고 다른 사람들에게도 주의를 기울이는 노력이에요.

사람은 혼자 힘으로는 자기를 알 수 없습니다. 만일 여러분이 자신을 잘 알고 싶다면 관계를 만들어 가야 하는데, 그건 여러분을 아는 사람 모두와 인터뷰한다고 해결되는 문제가 아니지요. 그럼요, 이 문제의 대답은 거대한 퍼즐의 조각들을 모으는 것보다 더 이해하기 복잡합니다. 이번에는 역할이 서

로 바뀌어서 여러분이 다른 사람들에게 '당신은 누구세요?'
라고 질문해야 합니다. 여러분이 누구인지 알려주는 건 여러
분이 다른 사람들과 갖는 관계거든요. 철학자 에마뉘엘 레비
나스(1905~1995)는 이렇게 주장했어요. "중요한 것은 나 자신

의 존재가 아니다. 그것은 타인의 존재이다."

　만일 다른 사람이 여러분의 모습을 비춰 보여주지 않는다
면 여러분은 결코 자신이 누구인지 알 수 없습니다. 여러분
내면 깊숙한 곳에 있는 것은 다른 사람과 관계를 맺으면서 밖

으로 드러나기 때문이죠. 여러분이 다른 사람들에게 찬성하거나 반대해서 말하고 행동한 것, 그런 모든 말과 행동들이 여러분의 성격을 드러낸답니다. 잘 알다시피 사람을 죽이는 말이 있고 일부러 상처 주는 말이 있으며, 격려하는 말, 우정의 말, 마음을 달래주는 말이 있지요. 치켜든 주먹과 내민 손이 있고, 욕설과 존중의 침묵도 있습니다.

사랑, 진리, 비폭력, 바로 이것이 인도인들에게 '위대한 영혼'이라 불리는 마하트마 간디(1869~1948)의 세 가지 구호입니다. 그는 영국의 식민지 지배에 평화적으로 저항했고, 인도의 독립운동을 이끌었지요. 정치 지도자, 현자, 정신적 지주로 알려진 간디는 이렇게 주장했습니다. "나의 인생은 나눌 수 없는 하나의 전체를 형성합니다. 하나의 관계가 나의 모든 행위를 하나로 묶어주기 때문입니다. 그 행위들은 모두 인류를 향한 억누를 길 없는 사랑을 원천으로 삼습니다."

간디는 자기를 성찰하고 내면세계를 명상하는 데 많은 시간을 쏟았습니다. 그는 사랑의 정신적인 힘을 세상의 온갖 부귀영화보다 더 중요하게 여겼죠.

마하트마 간디가 자신의 아주 사소한 생각들, 사실들, 행동들까지 분석한 통찰력은 꼼꼼하고 병적인 강박관념과는 거리가 멀지요. 자신에 대한 그토록 엄격한 지식 덕분에 그는 오직 사랑과 진리, 비폭력만이 가득하도록 자신의 생각과 행동을 제어할 수 있다고 말했지요. 그는 이런 실천에는 '가장 큰 용기'가 필요했다고 고백했습니다.

관계 맺기

그러므로 자기를 알기 위해서는 행동하고 반응하고 서로 연대하는 법을 배워야 해요. 우리는 오직 자신의 행동과 관련해서만 스스로를 잘 알 수 있으니까요. 폭력과 불의, 고통, 고난, 억압, 소외, 배타성이 당장 여러분에게 닥친 문제가 아니라고 해서 정말로 아무 거리낌 없이 그건 내 문제가 아니라고 단언할 수 있을까요?

하지만, 한편으로 우리는 왜 다른 사람들과 연대해야 할까요? 여러분이 다른 사람들의 불행이나 전쟁, 기근, 실업에 책임이 있나요? 여러분 자신의 인생만으로도 문젯거리는 충분히 많지 않나요? 게다가 여러분은 간디도, 테레사 수녀님도, 세계적인 의사나 노벨평화상 수상자도 아니잖아요. 여러분도

자신을 성인이나 영웅, 정의의 사도, 박애주의자라고 생각하지는 않겠지요. 그렇다면 연대의식은 어떤 점에서 여러분을 아는 수단이 될 수 있을까요? 이 연대의식이라는 개념 안에는 인류의 심장과도 같은 것, 즉 여러분 자신의 가장 근원적인 일부가 들어 있답니다. 여러분이 여러분 안에 존재하는 더욱 본질적인 것을 붙잡을 수 있는 것은 오직 이 연대의식 덕

분이에요. 인간이 된다는 건 다른 사람들의 고통을 함께 나눌 수 있다는 의미, 그런 일을 막아주고 싶을 만큼 그들의 고통에 마음 아파한다는 의미입니다. 다른 사람의 입장이 되어 보는 일, 그것은 다른 사람을 사랑할 수 있으며 그 사랑으로 이기심을 버릴 수 있다는 의미예요.

간디를 바꿔놓은 것도 바로 그런 경험이었지요. 간디는 당시 런던에서 자격증을 받은 젊은 변호사였습니다. 그러다 그는 남아프리카에서 혐오스러운 인종차별을 접했어요. 그곳의 인도 사람들은 백인들과 같은 보도를 걸어 다닐 권리도 없었지요. '지저분한 짐꾼' 취급을 받으며 자신이 탄 열차 칸에서 가차 없이 쫓겨난 그는 화물 운송칸으로 가야 했습니다. 인종차별의 실상을 알게 된 간디는 급작스레 인생행로를 바꿨습니다. 그는 남아프리카에 계속 머물기로 결심했고, 어떤 권리나 존엄성도 갖지 못한 동포 인도 이민자들에 대한 연대감으로 변호사 직업을 포기했어요.

간디에게 인간의 사명은 사랑하는 것이었죠. 우리가 우리 자신이 될 수 있는 것은 사랑할 때뿐이지요. 사랑은 비폭력, 관용, 차이에 대한 존중을 전제로 해요. '우리는'이라는 말은 '나는, 내가'와는 큰 차이가 있어요. "가장 가난한 사람들과

함께 사는 것, 스스로 그들의 하인이 되고 그들이 자기 존엄성의 의미를 다시 깨닫도록 도우면서 그들의 고통과 굴욕을 나누는 것." 바로 이것이 간디가 자신의 삶에 부여했던 의미예요.

이런 이야기를 들으니 놀라운가요? 여러분은 단지 여러분과 여러분이 사랑하는 사람이 행복 안에 자리 잡는 것만이 사랑이라고, 다른 사람들은 관계없는 일이라고 생각했을 거

예요! 하지만 그렇지 않아요! 사랑하는 방법은 한 가지만 있
는 게 아니거든요.

　물론 그게 그리 쉽지는 않지요. 사랑한다는 건 그저 "그녀
가 날 사랑할까?"라고 묻는 게 아니라 "내가 그녀를 사랑할 수
있을까?"라고 묻는 것이기도 합니다. 그건 '난 원래 이런 사람
이니 있는 그대로의 나를 받아들여야 해'라며 강요하는 게 아
니라 '나는 사랑받을 만한 사람일까?' '있는 그대로의 나 자신

을 사랑해줄 사람이 있을까?'라고 자문하는 것이에요.

　어느새 우리는 출발점으로 되돌아왔네요. 만일 여러분이 친구든 연인이든 사랑하는 법을 배우고 싶다면, 그 혹은 그녀를 사랑하는 법을 알고 싶다면, '너 자신을 알라' 그리고 모든 인간이 한 형제라는 연대의식도 갖기를 바랍니다.

진정한 도전?

그러나 마술처럼 세상을 순식간에 바꾸기 위해 자기 자신을 아는 것만으로도 충분할까요? 다른 세상을 만들기 위해 싸운 사람들은 다들 암살되지 않았던가요? 온갖 질문들로 청년들을 타락시킨다고 고발당한 소크라테스는 독약을 마시라는 선고를 받았지요. 2000년 전, 나사렛의 예수 그리스도는 신의 왕국, 가난한 사람들과 유순한 사람들, 억압받는 사람들을 위한 왕국이 올 것이라고 예언

했다는 이유로 십자가에 못 박혀 죽었어요. 간디는 1948년 1월 30일 힌두교 광신자에게 암살되었죠. 그는 평생 동안 서로 다른 종교들 사이의 관용과 화합을 위해 싸웠어요. 미국의 비폭력주의 흑인 목사로 노벨평화상을 받은 마틴 루터 킹(1929~1968)은 1968년 4월

에 암살당했고요. 그는 미국 안의 인종차별에 맞서 싸웠고, 자유와 우애의 세계를 꿈꾸었죠. 이들 외에도 좀 덜 유명하지만 연대의식을 추구하는 꿈을 위해 생명을 바친 사람들이 많습니다.

"만일 사람들이 폭력적이라면 그건 내가 충분히 사랑하지 않아서이다!" 간디는 늘 이렇게 말하곤 했어요. 하지만 다르게 설명하는 사람들도 있어요. 그들은 이 세상엔 항상 전쟁과 기근, 박해와 테러가 존재할 것이며 그런 문제에 대해 우리가 할 수 있는 일이란 정말이지 아무 것도 없다고 보는 편이에요. 일종의 운명이라는 거죠! 그런 사람들은 당연히 소크라테스를 따르고 싶어 하지 않겠지요. 자기를 아는 일 외에도 해야 할 다른 일들이 아주 많다고 생각하니까요. 그들은 자기를 알려고 하는 것이 어리석은 생각이며, 그런다고 달라지는 건 하나도 없다고 생각해요. 그러나 그런 사람들은 정말로 상황이 달라지기를 원하기는 하는 걸까요? 정말 자신을 변화시키고 싶어 할까요?

가족이나 직장 동료, 친구들에게 자기들의 변덕스런 성격, 죽 끓듯 변하는 기분, 스타가 되고 싶은 욕망, 횡포를 강요하는 것도 같은 사람들인 경우가 많아요. 흔히 그들은 자신이 진실을 알고 있다고 믿어 의심치 않으며, 다른 사람에겐 관심도 없어요. 심지어는 자기가 줏대 있다고 믿기도 해요. 실제로는 스스로에 대해 질문하는 것을, 그리고 '나는 누구인가?'라는 근본적인 질문을 스스로에게 던지기 위해 거울에 비친 자신을 바라보는 것을 두려워할 뿐이면서 말이죠.

파스칼이라면 이렇게 잔소리했겠죠. 자기들 문제는 스스로 알아서 하게 두고, 그들이 기분전환 하도록 내버려 둬. 자기들 손해지 뭐!

"세상에서 행해진 모든 위대한 일은 도에 넘치는 소망의 이름으로 행해졌다."(쥘 베른)

그렇다면 세상이 유토피아를 꿈꾸는 사람들, 몽상가들, 행복 창조자들의 것이었다면 좋았겠지요. 특히 연대의식과 형제애, 자유를 그저 말로만 여기지 않고 다른 사람들과 갖는 관계에 의미를 부여하는 사람들이 이 세상의 주인공이었다면 얼마나 좋았겠어요. 그런 사람들이 반드시 신문 제1면을 장식하는 것은 아니지만 그들 모두가 이 세상을 바꾸기 위해서 모험을 감행했거든요. "충분히 선하려면 좀 지나치게 선해야 한다"(마리보)고 믿는 모험을……

결론

"폭탄, 혹은 소동을 일으키는 사람. 저기 자기 앞가림이나 더 잘했으면 싶은 사람이 있네요. 대체 그는 왜 그렇게 우리를 짜증나게 만드는 걸까요? 주변 사람을 모두 귀찮게 하고 나서야 기분이 좋아지는 걸까요? (…) 자기 문제를 해결해야 한다는 생각으로 초조해진 나머지 다른 사람들의 문제를 만들어내느라 애를 쓰는 게 분명해요. 그렇게 하면 자기 문제가 다른 문제들 속에 묻힌다고 생각한 거죠."(베로니크 폴뢰르캥*)

아! 만일 이 귀찮은 인간도 '너 자신을 알라!'던 소크라테스의 외침을 들을 수 있었다면 그런 식의 딱지가 붙는 일은 피할 수 있었을까요? 아니, 천만에요!

전체적인 분위기에 휩쓸리고, 습관적인 일상의 타성에 젖고, 텔레비전 앞에 붙어 있고, 온갖 것들에 대한 이런 저런 고정관념과 편견으로 가득한 그는 완전히 자기 자신으로부터 멀리 벗어나서 자기만의 고유한 성격을 형성할 수 없는 사람이에요.

부디 여러분은 다른 사람들이 미화되지 않은 여러분의 초상화를 생일선물로 보내주기를 기다리지 마세요. 그보다는 여러분이 누구인지, 그리고 특히 여러분이 결코 되고 싶지 않은 사람은 어떤 유형인지 알기 위해 노력하세요!

이미 만들어진 길을 택하지 마세요. 여러분에게 맞는 진정한 길을 찾고, 끈질기게 그 길을 걸어가세요. 왜냐하면 우리는 스스로 되겠다고 선택한 사람이 실제로 되었을 때 자유로워지기 때문이에요.

*베로니크 플뢰르캥, 『성격 사전』,
시로스, 1994.

파블로프의 개

인간의 마음에 대한 지식이 늘어나면서 인간을 원하는 대로 조종하려는 기술들도 등장했다. 러시아의 학자 파블로프가 개를 대상으로 한 실험은 상황과 조건을 어떻게 정하느냐에 따라서 우리의 행동을 조작할 수 있음을 보여준다.

파블로프는 기르는 개가 먹이를 주러 가는 자기의 발걸음 소리만 듣고도 침을 흘리는 것을 보고 다음과 같은 실험을 실시했다. 먼저 그는 개에게 먹이를 줄 때 반드시 종을 쳤다. 그렇게 상당 기간 먹이를 준 후 다음 단계로 먹이를 주지 않으면서 종을 쳤다. 개는 먹이를 볼 수 없었지만 변함없이 침을 흘렸다. 원래 먹이를 보고 침을 흘리던 것이 종소리만 듣고도 자동적으로 침을 흘리도록 된 것이다. 심리학에서는 이를 '조건화'라고 부른다.

우리는 일상에서 이런 식의 조건화된 행동을 종종 경험한다. 수업시간 끝나는 종소리만 들어도 기분이 좋아진다든지, 관계가 나쁜 사람과 닮은 사람을 봤을 때 기분이 불쾌해진다든지 하는 것들이 그런 예이다. 특히 광고 회사들은 우리의 이런 반응들을 이용해서 자신들 상품의 구매를 부추긴다.

광고회사의 책략들

광고회사에서 대표적으로 사용하는 기법으로 '3B'라는 것이 있다. 아기(baby), 미인(beauty), 동물(beast) 세 가지로 광고에 이것들이 나오면 주목을 끌기 쉽고 구매욕을 자극한다고 한다. 귀여운 아기와 동물, 그리고 아름다운 미인에 대한 무의식적인 호감이 상품에 대한 호감으로 이어지기 때문이다. 인기 있는 연예인을 광고 모델로 쓰는 것도 무의식 중에 그 연예인에 대한 호감을 제품에 대한 호감으로 옮기기 위해서이다. '파블로프의 개' 실험에서처럼 제품을 보면 좋은 이미지를 갖도록 조건화하는 식으로 우리의 마음을 조작하는 것이다.

익숙한 음악을 반복적으로 들려줘서 음악만 들으면 제품이나 브랜드가 떠오르게 만드는 방법도 있다. 무차별적으로 제품 광고를 해서 머릿속에 박히게 하기도 한다. 광고회사는 다양한 방법을 이용해 우리를 원하는 대로 움직이려 한다. 우리들은 스스로 자유롭게 선택했다고 생각할지 모르지만, 조종당한 것일지도 모른다.

자존감 검사

◆ 감정 자아, 사회 자아, 학교 자아, 신체 자아, 미래 자아, 이렇게 5개로 나눈 자아 범주 각각에서 여러분의 점수를 계산해 보세요. 각 질문에서 '네'인지 '아니요'인지에 따라 점수가 1점씩 추가됩니다. 다섯 개 범주마다 12점 만점에 몇 점인지 계산할 수 있을 거예요. 각 범주의 점수를 알아보고 총점도 계산해 보세요. 총점은 여러분의 자존감 점수예요.
◆ 다음 질문에 네, 아니요로 답하세요.

감정 자아

1. 나는 화를 잘 낸다.	네 / 아니요
2. 나는 나 자신인 것이 마음에 든다.	네 / 아니요
3. 나는 내가 기복이 심하고 부자연스럽다고 느낀다.	네 / 아니요
4. 내가 겁을 먹는 일은 드물다.	네 / 아니요
5. 나는 종종 불안해한다.	네 / 아니요
6. 나는 대체로 자신감이 있다.	네 / 아니요
7. 나 자신에게 만족한다.	네 / 아니요
8. 대개의 경우 행동하기 전에 내가 해야 할 것이 무엇인지 생각한다.	네 / 아니요
9. 웃다가 울다가 하는 경우가 많다.	네 / 아니요
10. 매사를 낙천적으로 받아들인다.	네 / 아니요
11. 다른 사람들보다 일을 잘하지 못한다는 느낌을 받는다.	네 / 아니요
12. 사람들의 비난을 받으면 공포감이 든다.	네 / 아니요

⋯→ 2, 4, 6, 7, 8, 10번 문항은 '네'에 1점. 1, 3, 5, 9, 11, 12번 문항은 '아니요'에 1점.

사회 자아

1. 부모님과 얘기를 나눌 때 대체로 부모님이 나를 이해하신다. 네 / 아니요

2. 다른 사람들이 나를 의심한다. 네 / 아니요

3. 나는 친구들에게 많이 집착한다. 네 / 아니요

4. 좋은 내용이든 나쁜 내용이든
   다른 사람들이 나에게 말한 것에 신경을 쓴다. 네 / 아니요

5. 단체 활동을 좋아한다. 네 / 아니요

6. 사람들은 나와 함께 있으면 지루해한다. 네 / 아니요

7. 다른 사람들과 곧잘 다툰다. 네 / 아니요

8. 혼자 있을 때만 마음이 편하다. 네 / 아니요

9. 사람들이 여러 사람 앞에서 나를 눈여겨보고
   칭찬해주는 것을 좋아한다. 네 / 아니요

10. 사람들이 내 말을 유심히 듣고 따르는 것 같다. 네 / 아니요

11. 나는 단체 속에서 다른 사람들이
　　먼저 결정하고 행동하기를 기다린다.
　　네 / 아니요
12. 집단 안에서 고독을 느낀다.
　　네 / 아니요

···▸ 2, 6, 7 ,8, 11, 12번 문항은 '네'에 1점
　　1, 3, 4, 5, 9, 10번 문항은 '아니요'에 1점.

학교 자아

1. 학교생활에서 좌절하는 경우가 많다.　　　　　　　　　　네 / 아니요
2. 선생님들은 나에 대해 만족스러워하신다.　　　　　　　네 / 아니요
3. 나는 할 일을 준비하는 데 애를 먹는다.　　　　　　　　네 / 아니요
4. 나는 열심히 공부하지 않아서 학업이 뒤떨어진다.　　네 / 아니요
5. 수업시간에 나는 빨리 이해한다.　　　　　　　　　　　네 / 아니요
6. 수업시간에 질문받는 것을 좋아한다.　　　　　　　　　네 / 아니요
7. 성적이 나쁘면 쉽게 용기를 잃는다.　　　　　　　　　　네 / 아니요
8. 수업시간에 이해하지 못하는 부분이 있어도
　　그렇게 말할 용기가 없다.　　　　　　　　　　　　　　네 / 아니요
9. 배운 것을 잘 기억한다.　　　　　　　　　　　　　　　　네 / 아니요
10. 학교에서 친구들은 늘 나와 함께 있고 싶어 한다.　　네 / 아니요
11. 공부를 더 잘하기 위한 노력을 거의 기울이지 않는다.　네 / 아니요
12. 나는 내 성적이 자랑스럽다.　　　　　　　　　　　　　네 / 아니요

···▸ 2, 5, 6, 9, 10, 12번 문항은 '네'에 1점. 1, 3, 4, 7, 8, 11번 문항은 '아니요'에 1점.

신체 자아

1. 나의 외모는 쉽게 다른 사람들의 호감을 얻는다.   네 / 아니요

2. 나 자신이 서툴고 어수룩하게 느껴진다.

   내 손으로 뭘 해야 할지 모르겠다.   네 / 아니요

3. 내 몸이 자랑스럽다.   네 / 아니요

4. 나는 내 몸매가 아주 잘 빠졌다고 생각한다.   네 / 아니요

5. 기분이 좋아지도록 커피나 담배, 술처럼

   나에게 활력을 주는 것을 취하는 일이 있다.   네 / 아니요

6. 내가 너무 뚱뚱하다고 생각한다.   네 / 아니요

7. 외모와 입는 옷을 중요하게 여긴다.   네 / 아니요

8. 어떤 운동이든 빨리 적응할 수 있을 정도로

   뛰어난 신체능력을 갖추었다.   네 / 아니요

9. 운동할 때 사람들이 쳐다보면 불편하다.   네 / 아니요

10. 건강에 대해 지나치게 근심하는 편이다.   네 / 아니요

11. 나의 외모는 그리 매력적이지 않다.   네 / 아니요

12. 내 몸이 자라는 방식이 마음에 든다.   네 / 아니요

···▶ 1, 3, 4, 7, 8, 12번 문항은 '네'에 1점. 2, 5, 6, 9, 10, 11번 문항은 '아니요'에 1점.

미래 자아

1. 마음에 드는 일을 했을 때만 진정한 나 자신이 된다.　　　네 / 아니요

2. 살면서 큰일을 해낼 수 있다면
　　나 자신에 대해 만족할 것이다.　　　네 / 아니요

3. 인생에서 중요한 것은
　　돈을 많이 버는 것뿐이라고 생각한다.　　　네 / 아니요

4. 나중에 할 일에 대해서는 생각하고 싶지 않다.　　　네 / 아니요

5. 가장 강하고 가장 존경받기를 원한다.　　　네 / 아니요

6. 모든 것을 혼자 알아서 다 처리하는 시기는
　　최대한 늦출 예정이다.　　　네 / 아니요

7. 모든 사람이 자기가 원하는 동호회나 단체에
　　가입해야 한다고 생각한다.　　　네 / 아니요

8. 불행한 사람들, 어려움에 처한 사람들을
　　돕는 단체에 가입하고 싶다.　　　네 / 아니요

9. 사람이든 무엇이든 뭔가를 쉽게 믿지 못한다.　　　네 / 아니요

10. 미래에 대해 자신이 있다.　　　네 / 아니요

11. 가장 중요한 목표는 마음에 드는 직업을 갖는 것이다.　　　네 / 아니요

12. 가족을 꾸리는 것이 나의 목표이다.　　　네 / 아니요

···▶ 2, 7, 8, 10, 11, 12번 문항은 '네'에 1점. 1, 3, 4, 5, 6, 9번 문항은 '아니요'에 1점.

◆ 각 범주가 어떤 의미인지 살펴볼까요.

···▶ **감정 자아**　감정을 조절하고 충동을 억제하는 표상과 관련이 있어요. 자제력은 행위를 더 나은 방식으로 조직하게 해주며, 미리 계획하도록 도와줘요.
···▶ **사회 자아**　(부모나 친구 등) 다른 사람들과의 상호작용과 사회적으로 인정받고자 하는 감정의 표상에 관여해요.

···▶ **학교 자아 혹은 직업 자아** 학교라는 틀 안에서 자신이 주체가 되는 표상과 행동, 수행능력과 관계가 있어요.

···▶ **신체 자아** 외모의 표상, 이 외모를 바라보는 다른 사람들의 시선에 대한 표상, 신체적 능력과 운동능력의 표상, 그리고 남의 마음에 들고자 하는 욕망과 관련이 있어요.

···▶ **미래 자아 혹은 투사 자아** 이 자아 범주를 구성하는 문항들은 성인의 역할에 해당한다고 가정되는 가치들을 다루고 있어요. 이런 식으로 측정된 미래 자아의 표상은 실제 표상과는 다를 것으로 추정돼요. 우리는 자아 확인이 필연적으로 자아의 투사를 초래한다고 생각해요. 자아의 투사는 여러 가치를 받아들임으로써 성인들의 세계에 편입되고 공동체에 참여하고자 하는 욕망과 관계가 있어요.

◆ 다음은 설문에 참여한 청소년 240명을 표본으로 한 평균점수입니다. 여러분의 점수와 이 평균점수를 비교해보고, 어떤 범주에서 여러분의 '자아'가 더 강하게 드러나는지 어떤 범주에서 더 위축되어 있는지 살펴보세요.

자아 범주	남자청소년 평균 (총 120명)	여자청소년 평균 (총 120명)	합계
감정 자아	8.18	7.34	12
사회 자아	9.25	8.74	12
학습 자아	7.71	7.59	12
신체 자아	9.35	8.03	12
미래 자아	8.66	9.04	12
포괄적인 자아	**43.21**	**40.78**	**60**

『심리학 실습 Pratique psychologique』(1997년 제2권)에서 나탈리 우브레리가 제시한 검사